nmunication
r
Action

讓人從聽你說話至

聽你的話

頂流人士都在用，
一舉打動人心的
最強說話術！

王美娟——譯

【前言】

事物之所以沒有進展，問題出在你的說話方式

請問各位是否有過這樣的經驗呢？

・對方突然不高興，看來好似「懷有惡意」。
・因疲勞而心情不好時，說話方式或待人方式變得有些不耐煩，導致關係惡化。
・以為對方一定會答應，結果卻遭到冷漠拒絕。
・對方明明說「要做」，卻完全不展開行動。

上述情況有可能只是因為時機不湊巧，或是對方有問題。不過，似乎也有不少時候

錯不在對方，**問題其實出在我們的說話方式、待人方式或展開對話的方式**。

假如自己講話時，已經小心翼翼避免失禮，卻還是讓對方感到不愉快的話，這樣實在很冤枉吧。我們的壓力大多源自這種情況。而且，這股壓力對工作或私生活影響甚大。

在這種狀態下，無論做什麼事都不可能順遂。

應該也有很多人想要改掉說話時的壞毛病，卻始終改善不了。**想要努力改進說話方式，似乎意外的困難**。明知道很重要，但人在專心的時候、忙碌的時候、不高興的時候總是會忘記。頭腦在最重要的那個瞬間一片空白，把事情搞砸。當自己發現時已經來不及了，而且很多時候，當事人甚至沒發現自己的失誤。

即便是我，每次說話時也都會擔心，自己有沒有讓對方感到不愉快。有時應對出了點小差錯，自己會覺得「啊，可能不太妙」或「措辭是不是有點不妥」，確定最後並未引發問題，自己才會鬆一口氣。不過儘管沒發生問題，每次我都會介意與反省「自己有沒有說出什麼不該說的話」、「話是不是說得太重了」、「剛剛果然不該那麼說啊」。

雖然說話方式很難改善，**但其實只要從不同角度著手，花一點工夫就一定會有成果。**而且不光是說話方式，說話前要做什麼準備、說話時要如何切入正題、說完之後要如何追蹤……等等，說話的前後跟說話方式一樣重要。

另外，**要使人行動，講話必須要能打動對方的心。**否則在缺乏共鳴的狀態下，即使勉強推動事物也很難成功。

讓事情窒礙難行的人所用的說話方式

自己分明沒有那種意思，對方卻覺得「這個人說話總是無法打動人心」，這種情況無論發生在工作上還是私生活都是很可惜的事呢。明明毫無惡意，卻無法打動人心、讓事情窒礙難行的人，都有幾個共同點。

最常見的狀況就是「其實沒打算認真告訴對方」。如果沒打算認真告訴對方，無論表面上使用了何種話語，或是巧妙的運用了手勢，仍舊無法打動對方的心。這樣反而會在說話時使用太多技巧，給人謊話連篇的印象。傳授說話技巧的書籍派不上用場，甚至害自己被扣分，原因就出在這裡。

也許有人會反駁，自己確實想傳達出去，怎麼可能會變成讓對方覺得「其實你沒打算說真話」。可是，又好像不是這麼一回事。我常常有機會聽他人說明工作性質、創意點子或事業，也常有人找我諮詢向第三者說明的方式，但深入詢問卻發現，不少人都是「自以為認真」，實際上態度卻不夠認真或是輕率隨便。

第二常見的狀況是，不怎麼在意對方的立場或狀況。當事人「自認為在意」，但其實根本不在意對方，也沒打算瞭解情況。於是就讓對方感覺到，這個人只是看現場的氣氛說話。

這種人顯然是看不起對方，所以反而會給人壞印象。更糟糕的是，這種人並不會發現自己對他人的態度很失禮。因為別人不太會提醒他，而他自己當然也不會注意到這件事。

第三常見的狀況是，雖然有考量到對方並且認真說話，卻為了其他原因而心浮氣躁，或因為工作忙碌而完全失去從容。在這種狀態下說話，一樣無法打動對方的心。由於當事人不專心，以致於講起話來前後不連貫，讓對方感覺到他心不在焉。即便雙方是朋友，這種時候也很難繼續聽下去，而且也不會想要幫對方的忙。

第四常見的狀況是，談話的內容或態度並不差，但聲音很小，人看起來無精打采，或是外表邋裡邋遢而令對方不舒服等等，這種情況同樣很難打動人心。此外這也會害個人魅力被扣分，是很可惜的一點。可別認為「這是個人的自由吧」、「只要我喜歡，有什麼不可以」，因為這並非明智之舉。

只要改善、加強說話方式，人生就會出現劇烈的轉變

即便是符合上述四種狀況的人，**只要重新檢視說話方式與推動事物前進的方式，就能陸續實現原本「自己想做」的事**。因為你不會怪別人，也不會自責，懂得採取當下最好的做法，所以不會白費功夫，也不會後悔，只要努力就有結果，如此一來人生自會發生劇烈的改變。

想必此前也有不少人認為，「人生無法也不可能盡如人意」而死心放棄。不過，大部分的情況應該可以說是「自己如此認定」、「自己決定要這樣」、「自己將自己引導至此」吧。這些人或許只是自己斷定、預言「反正不會成功」，然後自己讓這件事成真。

只要改變說話方式，眼前的世界便會頓時豁然開朗。就連跟不擅長應付的人物對話，也不再是件苦差事。另外，許多人雖然能與他人愉快地對話，一旦要推動事物就立刻變得很吃力，不過這樣的煩惱也會立即煙消雲散。

一次不順利也不要緊，只要下次變好就好。只要抱持這種態度，遲早會看到結果，並開始往好的方向發展。此外，推動事物的過程中，既不會發生爭吵，也不會令對方感到不愉快。自己不必忍耐，就能產出對雙方都好的結果。畢竟沒人想吵架，而且也沒有人凡事都想為了反對而反對。

假如只要換個心態，事物就能進展順利，我們當然沒理由不去實踐。過去是因為這個小祕訣不為人知，才會發生無益的衝突。本該成功的事無法成功，只要修正一下方向就沒問題的事也做不到，所以事情才會沒有進展。

如今這也已是過去式了。相信今後大家都能更有建設性地推動事物。

在本書中，我將自己在麥肯錫顧問公司（McKinsey & Company）任職時，以及支援輔導許多企業時所培養的說話術，歸納成「準備、運作、收尾」這三大階段來做介紹。第一章會先跟各位談談，適用於所有場合的說話術原則。

只要學會本書介紹的說話術，與人交談就會變成一件快樂的事。你與對方都能相談甚歡，工作及私生活也會越來越充實。接下來，你的眼前一定會出現嶄新的世界吧！

讓人從聽你說話到聽你的話：頂流人士都在用，一舉打動人心的最強說話術！ 目次

第2章 「準備」勝負早在談話前就決定了

第3章 「運作」利用共鳴使對方展開行動

第4章

「收尾」動用所有手段進行追蹤

第5章 有自己的想法，才能打動人心

【結語】

第 1 章

最快
使人行動的
說話術

chapter 1

Effective Communication for Action

人會在什麼時候展開行動呢？

這裡說的「最快使人行動」，絕對不是不管不顧地說服對方，單方面下指示。**出發點是表達我們的想法、心情，使對方產生共鳴**。若是缺乏共鳴就會變成強迫，這樣一來絕對不會成功。即使要勉強對方行動也一定會遭遇挫折。因為人絕對沒辦法單方面進行某一件事。

當然也不是只要開口說話就好。說話方式有「能產出結果」與「不會帶來結果」之分。只要注意兩者的差異，並且花心思下工夫就能產出好結果。換句話說，若要朝自己期待的方向推動事物並且做出成果，只要採取略有不同的說話方式與準備方式即可。

對方有對方的情況與價值觀，有辦得到的事與辦不到的事。不過，這點並非百分之百固定，當然會隨著狀況而改變。另外，這個部分具有某種程度的彈性，因此我們待人接物的方式，有可能讓沒救的事物起死回生，也可能使好的事物遭到拒絕。我們不能片面要求對方「因為我們很困擾，請務必幫忙」、「這次請一定要通過」，不能使用這種輕率無禮的說法。這種話說起來很簡單，但對方不會接受，就算之前建立了信賴關係也會使關係受損。最糟的結果就是，之後有可能成為大家避之唯恐不及、不受歡迎的人物。

進行對話時，一定要誠懇有禮貌，還要揣摩對方的情況與心情。如果用推的不行，就有必要嘗試用拉的。

就算覺得「這點子明明很棒，為什麼對方不同意呢」，那也可能只是我們一廂情願罷了，在對方看來卻是很大的困擾。

這種自我中心的態度，是錯誤的溝通出發點。總之說話時必須盡量瞭解對方的狀況，並且配合對方的狀況調整說話方式。

說話要打動人心

說話要能打動人心，關鍵就是一定要有自己的想法，並且說明清楚。想要說明清楚，必須做到以下幾點：無論何種情況都要提出三個理由、用較大的音量沉穩地說，以及語氣要確定，句尾不模稜兩可。

一定要提出三個理由

想要「說明清楚」，最重要的一點就是理由必須具體明確。也就是讓人能夠立刻理解並接受「原來是這樣啊」。因此，不要光憑臨時的想法或好惡去說明這個東西好在哪裡，必須時時想好三個可以接受的理由、自己推薦的原因，讓自己能夠立即提出來，這點很重要。

只要提出三個理由，大部分的人都會覺得「原來是這樣啊」、「或許真是如此」。因為他們會認為「既然有這麼具體明確的理由，他說的話一定是正確的」。反之，如果理由只有一個，他們會覺得「嗯～是這樣嗎？」、「或許並非如此」等等，認為你的想法很膚淺，不是深思熟慮過的結果。

原本在小松製作所擔任工程師的我轉職到麥肯錫顧問公司時，老是被人要求「無論什麼時候都要提出三個理由」。當時我很納悶為什麼一定要提出三個理由，坦白說自己有點排斥這種做法，不過那時的我可能只是無法好好提出理由罷了。事後才發現，這個觀念全世界都通用。因為提出三個理由，不僅能增加想法的深度，也能大幅提升說服力。

用英語交談時，我都會說「I believe there are three reasons. First——, Secondly——, Third——」，也就是「理由有三個，第一個理由是……第二個理由是……第三個理由是……」。**這樣一來不只能增加說服力，自己也會自然而然深入思考，實在是一舉兩得**。其實講不出三個理由時，很可能是自己沒有深入思考，或是考慮得不夠多。

雖然在能夠事先思考的情況下講得出三個理由，但開會時突然得發表意見，或是談話時突然遭人質問的話，就需要花點心思了。

此時先想第一個理由。這件事大家應該都辦得到，因為想做某件事時一定有什麼原因。想到後立刻寫下來，接著在現場努力思索第二個理由。一旦想到就立刻寫下來，然後從第一個理由說起。要不然常會錯失說出來的機會，或是講的話沒有重點。只要一邊講，一邊想第三個理由應該就來得及。

在麥肯錫參加會議時，只要有人說出「理由有三個」這句話，我們就會去數對方是否說完三個理由，假如只講兩個就了事，有時還會遭到大家挖苦調侃。麥肯錫是個由改革心態與行動的專家組成的集團，對我們而言使客戶組織展開行動才是價值所在，因此關於這個部分也是不斷地切磋琢磨。

用較大的音量沉穩地說

用較大的音量沉穩地說也很重要。可能有人會覺得「聲音大小因人而異，這種事不重要吧」、「內容才是重點吧」，其實不然。

當你站在聆聽的立場時馬上就會明白，打動人心的力道全然不同。原因在於，自信會表現在聲音上。參加重要會議時，我也會特別留意這點，用比平時還大的音量說話。

雖然我常有機會向客戶提案，或是在講座上演講，但其實我本來並不怎麼擅長發出鏗鏘有力、中氣十足的聲音。只不過，這幾年因為想把自己的意思傳達給對方，每次發聲都會特別留意這點，久而久之聲音就變得很洪亮了。

與其說要注意音量大小，或許應該說要懷著想要傳達、想要表達的心情，使聲音充滿精神與幹勁。總之就是用聲音表達出「這件事是如此重要，所以我無論如何都想讓你知道」，這種自己打從心底「想要告訴對方」的心情。

但是，如果你認為自己的心情沒那麼強烈，熱忱也不夠的話，不妨先回到原點，想一想自己現在想要做什麼，或是嘗試寫A4筆記（參考附錄❶）。

不過，就算有這樣的心情，要是你太緊張的話，聲音會發不出來，變成沒自信的嗓音。這樣非常可惜，所以請試著抱持「無論這場會議最後的結果如何，反正又死不了」、「不行的話再試一次就好」這種態度，如此一來你就不會太在意了。之後一定能發出鏗鏘有力、中氣十足的聲音，讓談話順利進行下去。

語氣要確定，句尾不模稜兩可

說話要能打動人心，另一個關鍵就是**語氣要確定，句尾不模稜兩可**。明確地斷言，能給人乾淨俐落的好印象。有些人講起話來語氣不確定，句尾模稜兩可，這也許是個人的說話習慣吧，但如此一來談話不僅冗長乏味，也不知道結論是什麼，更遑論要打動人心。如果當事人是不自覺這麼做，實在是非常可惜的事。或許有些人覺得「要是講得直接了當會很失禮」，或者「不敢講得很肯定」，但不講的話負面影響更大。再者，說話直接了當並非失禮的行為。

當然，我們要避免以高高在上的態度或不禮貌的口氣斷言。說話語氣要確定，句尾不模稜兩可，其實不是那麼困難的事。只要付出一點努力，就有顯著的進步。這件事每個人都辦得到，請鼓起勇氣嘗試看看。

想得到信賴，先當聆聽者

不要單方面講個不停，要先仔細聆聽對方的煩惱或要求，這點很重要。如果你只說不聽，對方就不會擺出聆聽的態度。而且，因為沒先充分瞭解狀況，說話者很容易說錯話。

比方說，對方其實認為「加班是沒關係，不過臨時才委託工作的話很令人困擾」，但說話者卻憑自己的認定，開始講起減少加班的方案。

有時也會遇到突然得發言才行的情況，不過這種時候，同樣要先有禮貌地主動提問，多少掌握了對方的心情或需求後再開始發表意見。這麼做比較真誠，而且能展現聆聽的態度（＝接納對方的態度），於是溝通就會很順利。況且，人本來就會想聽「自己信賴的人」所說的話。**因為信賴對方，因為尊敬對方，因為知道對方是為自己著想，才會想聽那個人說的話。**不消說，當自己困擾時也會想找對方商量。這與年齡、性別、國籍、職業等等無關，是每個人都會有的極為自然的心情。

不過，我經常遇到明明尚未得到對方的信賴，卻單方面地想要發表言論的人。偏偏一般人都是「因為信賴對方，才想聽對方說話，才想找對方商量」，而且「如果是不信賴的人，就不會特別想聽對方說話」。

為什麼他們要急著發言呢？尚未取得信賴就開口說話，是多麼徒勞無益的行為呢？這種情況就好比門分明上了鎖，卻硬要開門。

假如「分明上了鎖，卻硬要打開」，就會失去信賴。最糟糕的是，還可能讓對方覺得他是個「沒神經的人」、「會穿著鞋子踏進別人家裡的人」。這樣的人，在未得到信賴的時候就有問題了。而且，當他失去信賴後也沒打算改進自己的舉止。因為他想都沒想過是自己不對。

如果不明白原因何在，這樣的人往往會認為「對方頭腦不好、古板」、「真是個聽不懂人話的人」、「再說得強硬一點應該就明白了吧」而咄咄逼人。不消說，這樣一來對方就更不願意聽了。在這種狀況下，不管說什麼都是白費脣舌。

自認不是這種人的人可能不在少數。不過，**就算是平常態度較為和氣的人，面對下**

屬時似乎也常會像這個樣子說話。因為上司為了指導、培育下屬，經常會嘮嘮叨叨、說東說西。

可是，如果沒取得對方的信賴，那就會淪為一廂情願了。不只完全無法打動下屬的心，還有可能被批評是職權騷擾。越認真的上司，越容易掉進這個陷阱，因此最好要注意。

假如是一再產出好結果而受到下屬信賴的上司，那就沒有任何問題。如果不是這種上司，或者是新上任的上司，建議別想著要指導、培育下屬，應該先取得下屬的信賴。

不少上司表示「哎呀，要獲得信賴很困難耶」，其實完全沒這回事。之所以會失敗，是因為他們想展現上司的威嚴而裝腔作勢。因為採取錯誤的做法，下屬馬上就會識破這種態度。

相反的，只要仔細聆聽下屬說的話，即便上司年輕經驗又少，仍然能立刻獲得信賴。說不定下屬還會稱讚「這次的上司雖然還很年輕，卻是個很棒的人」。

幸運的是，或者應該說不幸的是，絕大多數的上司都不會聆聽下屬說的話，因此就算技能或經驗不足，只要願意聆聽下屬說的話就能得到信賴。

得到下屬的信賴後，上司才能夠著手進行自己本來該做的工作。而上司的工作，就是提出部門的願景與遠大的目標、為了達成目標而推出新措施、做榜樣、督促下屬展開行動、產出遠超過多數下屬預期的成果。完成這些分內工作後，上司對下屬的各種指教才有意義。

其實面對孩子時，也會遇到跟面對下屬時一樣的問題。父母若想教導孩子，就會忍不住囉哩囉唆。不少人平常在孩子面前只表現出邋遢的一面、喝醉酒的醜態，自己卻還好意思罵孩子。如果父母先仔細聆聽孩子說的話，充分瞭解孩子的情況後再教導孩子，孩子應該就會更願意乖乖聽話吧。跟人說話時這一點很重要，但專注於某件事時往往會不小心忘記這點。假如平常只考慮自己的事，就一定會發生這種情況。如果你多少注意到自己有自我中心傾向，而且真心想要改善的話，那麼將注意事項寫在卡片上時時放在眼前，對你或許會有幫助。

聽對方說話無關勝負

不觀察對方的反應，也不聽對方說話，自顧自地講個不停的人十分常見。假如你以為聽對方說話就輸了，那可是天大的誤會，此外若沒把對方放在眼裡，對對方是很沒禮貌的。認為聽對方說話就輸了的人，是把說話這件事看作「勝負之爭」吧。假如腦子裡只想著要如何辯倒對方、如何哄騙對方，就很容易產生這種想法。

對話本來就不是「先說就贏了」、「聽對方說就輸了」。另外，**說出自己的要求或請求，請對方同意，也絕對無關勝負。倒不如說，「對方能夠同意的話對雙方都好」**。

在乎勝負的人，建議你重新審視一次自己過去至今的想法、價值觀、待人接物的方式等等，想一想「為什麼自己會這樣」、「是從什麼時候開始變成這樣的」或許會比較好。就我的瞭解，必須時時站在別人頭上才能放心的人、競爭心過強的人、得用居高臨下的態度看待他人才會安心的人大多都有這個問題。

他們之所以會這樣，多半是因為自我肯定感很低，自己必須高對方一等，否則就會不安得無以復加吧。因為那是沒自信的反面表現，絕對不是真正的「自信」。倒不如說就是因為沒自信，他們才會虛張聲勢、充滿攻擊性，老是做出令人失望的言行舉止。

大多數缺乏自信的人，看到這種人時都會誤以為「那個人真有自信呢，好令人羨慕」、「換作自己的話，根本不敢那麼說呢」，因此這種人不只令人失望，甚至是有害的。

如果擁有真正的「自信」，就會相信自己的價值與能力，並且信賴自己。此外也完全不會做出對人擺架子、居高臨下、輕視別人這類負面的行為，態度舉止會更加自然。許多人都有這種誤解，無論對自己還是對他人往往都會採取錯誤的看法。

面對自己時，不是過度缺乏自信而妄自菲薄，就是過度相信自己的實力，言行舉止沒有分寸。面對他人時，不是被人看不起，就是被虛張聲勢的人給欺騙而喪氣。要以自然的態度說話，就得消除這種誤解，並且加深對自己的瞭解。試著寫A4筆記，從多個面向思考「為什麼自己不站在別人頭上就會非常不安」這個問題，就能撥雲見日，看得透徹。

關於Ａ４筆記的實踐方法，請參考書末附錄。

從多個面向寫Ａ４筆記時，可採用如下的標題：

- 為什麼必須時時站在別人頭上才會安心？
- 站在別人頭上時，有什麼感覺？
- 不站在別人頭上時，會感到什麼樣的不安？
- 自己是從什麼時候開始擁有過強的競爭心？
- 自己對什麼樣的人，不會產生過強的競爭心？
- 哪個人有過強的競爭心？為什麼會這樣？
- 什麼時候，那個人會以高高在上的態度看待他人？
- 什麼時候，那個人不會以高高在上的態度看待他人？

只要按照上述標題寫十到二十頁，就能相當客觀地檢視自己或他人的心情（參考圖1）。

至於沒把對方放在眼裡，同樣是很失禮的行為。此刻人分明就在眼前，卻好像沒這個人似地單方面說個不停，這種情況是怎麼回事呢？不可否認的，當事人顯然認為對方說的話不值得聽，而且不只對方講的話，他連這個人的存在都一併否定了。另一種常見的情況是，當事人並無那麼強烈的惡意，他只是為對方著想才叨叨絮絮。但不聽聽對方的心情或狀況，單方面講個不停，仍舊不是值得誇獎的行為。

建議各位要小心，不要有「我來糾正對

圖1　A4筆記範例

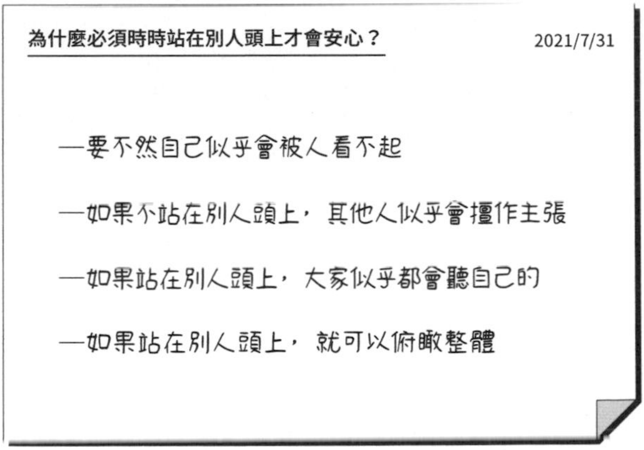
為什麼必須時時站在別人頭上才會安心？
2021/7/31
—要不然自己似乎會被人看不起
—如果不站在別人頭上，其他人似乎會擅作主張
—如果站在別人頭上，大家似乎都會聽自己的
—如果站在別人頭上，就可以俯瞰整體

方的錯誤」或「我來教他怎麼做才不會失敗」這種念頭。光是起了這種念頭，就會讓對方灰心喪氣。因為他會覺得「啊啊，自己真沒用」、「我又犯錯了」、「我又惹人生氣了」。一旦灰心喪氣，即便當事人沒特別注意，仍會覺得有些忐忑或不安，對我們抱持敵意等等，總之沒有半點好處。

有些人或許覺得「自己可是出於關愛，想讓笨拙的下屬或後輩快點成長才這麼做的耶……」。假如有這種想法，代表你可能有些缺乏同理心，這種能力是成就事物的關鍵。要能順利推動整體，必須體會對方的痛楚，進行某種程度的感情移入。

請你就當作被騙，或是退讓一百步，先試著聆聽一次對方說的話。就算我們什麼話都不說，只要一直聽對方說話，對話就能順利進行，對方反而會一臉開心地說下去。跟之前的溝通相比，應該會有驚人的差別。相信你會感覺到，之後的溝通真的進行得非常順暢。

想要好好說話，祕訣就是什麼都不做

越是對「說話」沒自信的人，越會要求自己好好說話。所謂的「好好說話」，是指「說得很流暢」、「不會語塞」、「能夠順利表達自己的要求」、「讓對方同意自己的主張」嗎？

如果真的想「好好說話」，「什麼都不做」、「不要在意」反而還比較有用。因為「想要好好說話」的念頭，會使人僵硬、怯場、頭腦一片空白，一點好處也沒有。**此時重要的是要尊重對方，絕對不輕視對方，並且以自然的態度說話。**如果擺出高高在上的態度，對方馬上就會察覺到。這樣一來，對方就不會認真聽你說話，搞不好還有可能完全不肯聽。人要掩藏自己的心情幾乎是不可能的事。因為人類的五感非常敏銳，能夠看穿不自然。即使想掩藏、想演戲，試圖操作自己的心情，對方仍感受得到你的態度，從而產生戒心。

另外，態度要是太嚴肅會讓對方緊張。一緊張就會產生不必要的戒心，什麼好處也沒有。我們也會沒辦法自然地說話。

各位可以想像一下，自己在不冷也不熱、氣溫適中的晴朗日子，舒舒服服地在樹林裡散步的情境。走路時稍微注意一下地面。眼睛基本上看著前方，確認自己此刻的位置。其餘要做的事，就是懷著雀躍的心情邁動雙腳……大概就是這種感覺。

像網球、棒球、高爾夫球等運動，如果太要求自己打好球，就會用力過度而打不中，或是打中了但球飛不遠。

所以最好別要求自己一定要做好，應以自然的態度去進行。說話時必須放鬆，抱持輕鬆的態度。

若要放鬆地說話，不妨留意以下幾點：

①保持從容與自然的態度

②充分準備，放心地面對談話

③也要注意對方的反應

④深呼吸，心平靜氣地說話

幸好我不太會緊張，即使面對棘手的局面也能以較輕鬆的態度說話。由於剛進入麥肯錫時就是如此，也許自己本來就是個樂觀的人。不過，後來因為寫了幾萬頁的A4筆記，每天還閱讀數十篇以上的文章，並且與許多人進行討論，如今就連難度更高的狀況我也有辦法應付。

由於實際的發展取決於對方的反應，我們無法期待溝通能照事前設想的進行，但只要不刻意要求自己好好說話，以輕鬆的態度開口，就有辦法照著自己的劇本走，並以一定程度的彈性去應付各種狀況。

不以「口若懸河」為目標

溝通時重要的是，要平心靜氣，但又懷抱熱情去表達自己的主張與根據。只要我們聆聽對方說的話，有問題就發問，並且帶著誠意回答對方提出的問題，溝通一定會有進展。

不擅長說話的人或許很嚮往做到「口若懸河」般的流暢說明，但其實他們誤會了。這種說明顯然帶有想勝過對方的企圖，不僅難以反駁，也沒有可乘之隙，反而會給人壞印象。

參加英語會議時，「不好好說話」這點格外重要。就算沒辦法滔滔不絕地講英語也完全沒問題。只要花點時間慢慢說，例如「基於這個原因，我這麼認為」、「我想這樣進行。理由有三個。第一個理由是～，第二個理由是～，第三個理由是～」，大家都願意認真地豎耳傾聽，並且努力理解你的意思。即便是早已習慣英語會議的我，每次看到這種景象仍會覺得很佩服。

切記，無論講母語還是英語，都「不需要口若懸河」（非但不需要，這麼做反而有害）。

能夠順利推動事物的人都具備整體觀

若要找某個人談事情取得對方的同意，或是要請對方做事情，都必須讓對方產生意願才行。

因此，我們得先瞭解對方所處的狀況、利害關係、限制等等。

具備整體觀，即是針對此刻自己關注的事，俯瞰整體，掌握先決條件、參與者、他們之間的利害關係，瞭解要推動哪裡、該如何推動才能獲得期望的結果。

有時即便談話的對象是總經理，掌握實權的卻是前任總經理的代理人常務董事。又或者，即便總經理獨攬大權，人人都怕他，但因為員工陸續辭職，總經理非常擔心他們的反應。因此，不要拘泥於職位或表面上的位置，應該具備整體觀，掌握對方在組織裡的地位。

拿前述的例子來說：

①總經理與常務董事的人際關係、勢力強弱
②其他董事的地位、勢力強弱
③前任總經理的意向與存在感
④主要事業的貢獻度與未來性
⑤總經理正準備成立的新事業潛力
⑥員工對總經理的願景有多大的共鳴

我們必須掌握上述幾點，縱觀整體，分析總經理會在什麼樣的情況下同意、總經理願意同意哪個部分、難以同意哪個部分……等等。

假如不具備這種整體觀，就只看得到對方所處立場的一部分，於是我們便無法想像，該怎麼做對方才會同意並展開行動？就算同意了，對方有立場推動這件事嗎？更重要的是，對方有立場同意這件事嗎？最後就會往錯誤的方向推動事物。

如此一來，事情就容易停滯不前，或是雖然動起來了卻出現意想不到的障礙、進度意外落後、某個參與的成員突然發飆等等，因而遭遇挫折。

看似即興演出，實則準備周全，細心謹慎

推動事物時，也需要即興演出。硬是按照劇本進行的話「有百害而無一利」，所以要觀察對方的心情與態度，有彈性地應對。

雖然看似即興演出，不過溝通流程要事先做好準備，並保持細心謹慎的態度。假如沒辦法完全預測狀況，就事先按對方的反應寫好幾種劇本。

舉例來說，如果對象是前例的總經理……

①總經理本身贊成，但常務董事反對的情況

②總經理本身贊成，常務董事則是有條件贊成的情況

③總經理本身持中立態度，常務董事則是有條件贊成的情況
④總經理本身有點不感興趣，常務董事則是贊成的情況

我們可以事先針對上述情況，研擬有可能讓對方同意的劇本。

也就是思考在各個情況下自己該說什麼、該讓步到什麼程度、該強推到什麼程度、要提出什麼樣的替代方案、要追加什麼條件等等。這樣一來，就能看似即興演出，實則準備周全、細心謹慎地進行溝通。

使人行動的說話術有三個關鍵

從前我在麥肯錫從事的工作，是輔導企業客戶實施經營管理改革。所謂的經營管理改革，包括訂立願景、擬定策略、改革組織、改善業務、培養經營管理人才等等。通常每個月會舉辦一次報告會，向客戶提出各種方案。剛開始從事這份工作時，自己的提案常被客戶打回票，令我非常懊惱。

當時我心想「這明明是很棒的方案，客戶為何不採納」、「為什麼客戶聽不懂呢」，總是為此煩惱不已，也因此學到了「單方面提案是不會成功的」這個道理。

另外，就算不是單方面提案，突然當場提案同樣很難成功，這種情況我也經歷過。本書要介紹的正是，我從這些錯誤當中摸索出來的方法。

這個方法，是將「使人行動的程序」分成以下三個階段來進行。

・談話前的「準備」
・談話時的「運作」
・談話後的「收尾」

只要能好好實踐這三個階段，就有相當高的機率獲得成果。雖然也有失敗的時候，不過這個方法能大幅提高成功機率。這是因為，我們有辦法盡可能掌控產出結果的整道程序。

【第一個關鍵】

談話前的「準備」

「使人行動的說話術」的第一個關鍵，就是談話前的準備。因為若等到狀況變得不利於對方，或是對方難以接受的話，無論說話方式下了多少工夫通常都為時已晚了。

談話前必須先做好一定程度的準備。日程之類的資訊也要盡量事先告訴對方。就算其他部門突然有事拜託我們，我們也有自己的安排，而且還需要在部門內部形成共識，因此有時就算想幫忙也幫不了。所以才要事先做好這種**前置作業**。

比起你在現場怎麼說，談話前的準備、事前安排、平時的關係建構對結果的影響更大。要是關係不好，當你急著要跟對方談事情時，說不定連要讓對方聽你說話都很困難。對方會覺得「平常擺出那種態度，現在卻突然想見面，未免想得太美了」而拒絕。

這種情況就像是比賽還沒開始就結束了，或許也可以說是不戰而敗或犯規而敗。

若要防止這種情況發生，平常就要用心經營關係，這點很重要。不過工作上或私生活，也常發生突然有了接觸必須跟對方交談的情況。這種時候就沒辦法做談話前的準備，只能靠自己平常的態度與具備的能力決定勝負了。

【第二個關鍵】

談話時的「運作」

運作是指，**「使對方或對方的團隊朝自己期望的方向展開行動」**。談話的期間，對方有可能同意，有可能排斥，有可能精神一振，有可能灰心喪氣。我們必須掌握對方的反應，並且巧妙地將對方導向我們期望的方向。因為順其自然是無法達成目的的。

「談話時的運作」視對方是誰、有幾個人、自己與對方的關係如何，而有很大的差異。

在對方舉行的會議上進行簡報時，若想得到期望的結論（例如在經營會議上做出決定），必須巧妙引導（主持）會議。就算是一對一談話，也要時時觀察對方的幹勁與精力，設法將幹勁與精力提升到最大限度。以下就來看看具體的做法吧！

一對一會議

說話的同時，認真觀察對方，持續分析對方是什麼樣的心情、此刻在想什麼、在意什麼……等等。一面按照事前設定的劇本談話，一面觀察對方，依照反應變更應對方式。視對方的反應，有時必須更有彈性地變更事前準備好的劇本，有時則必須好好安撫爆發的情緒。雖然跟單純的愉快聊天有很大的差別，但只要習慣一下就辦得到。

一對二會議（兩人是同事）

對象增加後會變得複雜一點，但其實也沒那麼困難。雖然得持續觀察兩人的臉色與理解程度、接納程度等等，該做的事情變多了，不過這時要對兩人之中較為贊同自己的人說話，先抓住對方的心。之後，再設法獲得另一個人的同意。

假如這時，另一個人看起來顯然意興闌珊的話就很危險。因為能夠談成的事有可能會談不成，此時要考量兩人的關係與興趣高低，絕對不能放著不管。

另外要注意的是，這種時候很容易發生其中一人有意願，但另一個人對此感到不滿而不支持的情況。即使其中一人應該會同意也別表現得太高興，要控制情緒取得另一個人的贊同，這點很重要。

一對二會議（兩人為上司與下屬）

如果兩人是上司與下屬，通常只要跟上司交談，取得對方的同意多半就沒問題了。但是，也有上司會交給下屬處理，這時要一邊留意上司，一邊跟下屬交談，取得對方的同意。等下屬同意後，再向於一旁聆聽的上司稍微補充說明，並且表達謝意。

一對多會議

如果是參加對方召開的會議進行提案，就得靠自己一個人推動整個會議。假如是人數眾多的會議，要掌握每個人在想什麼、想發表什麼意見等詳細狀況就會變得很困難。

這種時候，就要快點根據與會者的座位、年齡、對待其他人的態度等等，分辨哪個人的地位最高、誰是真正具有影響力的人。總經理比較容易認出來，不過這場會議中「除了總經理之外，真正具有影響力的人是誰」，必須仔細留意才看得出來。

假如事情全由總經理決定就簡單了，不過有些公司是全權交由身為顧問的經營企劃室長處理再彙整意見，有些公司得要資深的營業本部長同意才能進行，有些公司則是先讓大家發表意見再由總經理做出折衷的結論。為了正確掌握狀況，避免在現場猶豫不決，能夠事前詢問的話我一定會提問。因為平常鮮少有機會臨時出席對方召開的經營會議，一般都會事先跟行政部門或承辦人員商談相關事宜，這時就可以發問確認。

基本上，就是對現場地位最高的人說話，對方發問就回答，並且分辨出真正具有影響力的人，設法讓對方能夠同意。

不過，就算是總經理也會擔心，說不定只有自己贊成但下屬感到不滿，或者無人跟隨而孤立無援，因此我們也要向出席會議的第二把交椅仔細說明並拉攏對方。只要能得到這兩個人的同意，基本上就沒問題了。

【第三個關鍵】

談話後的「收尾」

即使經過溝通與對方達成共識，之後事物也不見得就會依照期待進行。**其實談話之後才是關鍵**。

所謂的追蹤跟進，是指製造讓對方不得不行動的狀況。假如只是要請對方同意、允許某件事，倒是不用這麼麻煩，但若是要使組織展開行動、為了某件事賣力，就不能忘了在對方同意後細心地追蹤。畢竟同意後就忘記的情況很常見，想做卻無法順利展開行動，最後停滯不前的情況也不少。

切記，即使相談甚歡，對方也有意願，**如果之後沒有細心追蹤，通常對方是不會實際展開行動的**。不過，對方並非心懷惡意才不行動。

不展開行動的原因有好幾個。

1．對方同意後，指示下屬，要組織展開行動的情況

雖然這種情況看起來應該會展開行動，但其實若沒細心追蹤，對方就不會前進。因為要組織採取不同以往的行動或新的行動絕非易事。

首先，上司要對下屬下達明確的指示，而下屬要再對其下屬下指示，否則就不會有人展開行動，而且部門之間也需要互相協調。即便是十幾個人的組織，業務程序、工作流程等也都有固定的模式，因此若要改變模式或是展開新行動會出現反彈。

部分組織觀念很好的經營高層明白這點，但大多數人都以為只要自己下了指示組織就會動起來。這是因為下屬每次接到指示都會假裝展開行動，高層才會多年以來都深信他們有在做事。然而實際上，他們大多是挑高層下達的部分指示來執行。

假如或多或少需要協調，或者看起來像是高層的任性要求，又或是違反了部分下屬的價值觀，那麼除了極為簡單的事情外，下屬往往都會忽略不管，這就是不行動的原因

之一。

當然，高層的指示不能公然忽視，所以下屬會回答「我明白了」，但之後就逐漸放著不管了。又或者像是要表現自己已盡到責任般，再對自己的下屬下指示，但是又告訴下屬「反正每次都這樣，就放著別管吧」。

沒經驗的人大多以為，得到經營者或組織領袖的同意就可以放心，於是什麼都不做等對方行動，但這樣是無法期待對方展開行動的，建議各位最好要有這個觀念。

2．組織內部出現反對意見，十分需要協調的情況

有些時候得平息組織內部的反對意見，甚至必須剷除反對者才有辦法前進。就算經營高層自己覺得不錯，他們也不太喜歡忽視組織內部的反對意見強行推動。即便是非常強勢的高層人士也都相當注意這點。

舉例來說，總經理決定引進某個劃時代的業務銷售強化課程，但資深的營業本部長卻不願意採用，就是其中一種很常見的情況。此時總經理要說明，營業本部長的工作並

不會因此消失，業務銷售的本質也不會有所改變，想辦法讓他接受。因為就算強行引進課程，對方顯然也是不會使用。而且要是引起對方反彈，跑去向層級更高的人物打小報告，下場可就慘不忍睹了。

因此，考量到這點，我們必須主動追蹤、向高層建議，或針對經營幹部、員工舉行說明會等等。

3．對方並非真心同意，而是「原則上同意」的情況

對方不是真心同意，而是「既然都說到那種地步，看在這股熱情的份上姑且同意」，或「如果不答應會很沒面子，所以才同意」的情況也很常見。此時即便取得「同意」，而且對方也這麼說，實際上只不過是終於站上出發點罷了。遇到這種情況，就得從出發點一邊追蹤一邊前進，逐步走完十分之二、十分之四、十分之七的路程。

假如你無法樂在其中，那麼這段過程就絕對進行不下去。若抱持義務感，或是內心覺得很沒意義，對方大多會感受到你的心情，態度因而硬化。此外還有一種情況是，對

方只要同意就好，沒必要特別採取行動。舉例來說，向公寓管理委員會提案，決定營運方針的時候。

不過這種時候也一樣，先跟地位類似領袖或主管的主委溝通，接著詢問其他委員的意見，歸納所有意見之後再提案，通常這麼做絕對會進展得比較順利。

理解與執行檢查表

□揣摩對方的情況與心情調整說話方式，產出結果
□具備整體觀，掌握對方的狀況、利害關係、限制等等
□聽對方說話無關勝負
□看似即興演出，實則準備周全、細心謹慎地進行溝通
□經由準備、運作、收尾這三個階段產出結果

推薦的A4筆記標題範例

・要怎麼做，才會更懂得考慮對方的情況與心情呢？
・要怎麼做，才能掌握對方組織內部的人際關係、利害關係呢？

・如何看似即興演出，實則細心謹慎地溝通？

・準備、運作、收尾這三個階段，自己擅長哪一個？不擅長哪一個？弱點要怎麼改善加強？

・如何敏銳地看出對方雖然同意，但組織不行動的原因？

Communication for Action

第2章

「準備」勝負早在談話前就決定了

chapter 2

To be Prepared is Everything

談話前該做的「準備」是什麼？

比起你在現場怎麼說，平常有無建構關係、有無掌握對方的狀況、有無做好談話前的準備，以及是否保有協助者對結果的影響更大。平常就要建構關係，跟對方打招呼，並且盡可能建立一定程度的信賴感是很重要的。

掌握對方的狀況，是為了正確判斷該如何與對方溝通，而盡可能瞭解對方的立場與近期的狀況。至於談話前的準備，就是做想得到的所有事，例如根據狀況製作更有吸引力的提案書、取得幾名關鍵人物的口頭同意等等。保有協助者，則會對結果造成很大的差異。無論如何都要拉攏對方身邊無話不談的人物喔！

另外，談話前該做的「準備」，視談話對象而有所不同。因為我們還得兼顧時間，所以必須評估要與對方建立多好的關係。先將對象分成四大組再接觸他們吧（參考圖

圖 2　該事先做準備的四組對象

❶在工作上或私生活中有可能求助的對象

◎上司、其他部門的經理、交易對象、企業夥伴、
　公寓管理委員會的委員、家長教師聯誼會幹事、親戚等

◎最該刻意建立良好關係的群組。
　要誠懇以待，不阿諛奉承

❷能拜託事情的對象

◎同事、同學、校友、朋友等

◎能夠憑過去的關係通融、幫忙一下的群組

❸目前沒事要拜託，但未來能求助的對象

◎朋友、熟人等

◎建立①的關係後，再誠懇地與他們聯絡交流

❹上述以外的所有人

◎在力所能及範圍內誠懇地與他們聯絡交流

2）！

針對上司所做的準備特別重要

似乎有許多人自認不擅長或害怕面對上司，因而無法跟上司好好溝通。如果平常不溝通，就很難期待上司會認真聆聽自己的說明，並且爽快地同意、批准。

自己與上司的關係，不只對工作，對私生活也有很大的影響，因此最好要設法保持良好關係。雖然這絕非易事，但重要到怎麼強調都不夠。本章想從正面來談談這個部分，內容很長，還請各位耐心看下去。

平常就要盡量交出工作成果，回應期待

或許有人會覺得，要是自己有辦法回應期待就不會苦惱了，但能做的事其實很多。

實際上，大多數的人並非工作做不好才煩惱，而是無法跟上司好好溝通，本來可以避免這種情況卻陷入惡性循環，最後才會處於「工作做不好」的狀況。

大家是因為，搞不清楚上司的要求、不敢找上司商量、找上司商量對方卻擺出「你連這種事都不知道嗎」的嘴臉……等這類緣故，才會感到痛苦。

推動工作的能力並非一朝一夕就能養成，不過要中止惡性循環就比較簡單一點。只要能中止令人心情鬱卒的單向惡性循環，眼前就會豁然開朗。

這當然不是件容易的事，但非常值得我們付出努力。

具體來說，要做的就是以下五件事：

❶接到工作指示後，立刻將內容逐條列出進行確認
❷保有二到三名商量對象，拿不定主意時立刻找人商量
❸在當天之內，最晚隔天要提出產出物概念進行確認
❹在距離交期還剩一半時間的階段完成八成，確認產出物
❺平常就要寫Ａ４筆記，瞭解上司的煩惱與立場

接下來就依序為大家說明。

❶接到工作指示後，立刻將內容逐條列出進行確認

上司的指示大部分都模糊不清。原因五花八門，例如指示來自上司的上司，而上司本人並未充分理解指示內容，或是上司工作多到滿出來無暇顧及下屬、上司不擅長驅策下屬、上司認為下屬應該自動做事幫自己的忙、上司欠缺基本的技能或知識等等，所以指示很容易變得模糊不清。

雖然當事人應該沒什麼惡意吧，但也有不少上司希望下屬能自己思考自己做事，或是上司因為疲累而心情不佳，又或者態度很隨便。

因此，接到上司的工作指示後，必須立刻將內容逐條列出進行確認。如果是口頭確認，由於彼此的記憶會越來越模糊，日後容易發生問題。

此外也可能發生上司翻臉不認人的情況，例如「哎呀，我沒說過這種話」、「我不是這個意思。這種事你應該曉得吧？」。

這種時候，要是回答「不，我記得很清楚。當初的指示不是這樣」，可能就會被上司盯上，開啟了惡性循環。

條列指示內容時，無論用何種格式都可以。另外，手寫就行了，請具體確認要做什麼、期限到什麼時候、要採用什麼做法、使用什麼資源來完成。尤其是「要做什麼」這點，如果沒確認清楚，就會產生不必要的作業。如果要準備資料，是要準備幾頁、什麼風格的資料？如果要建立Excel工作表，工作表的內容是什麼？如果要製作影片，是要製作幾分鐘、什麼色調的影片？總之不必客氣，一定要確認詳情。

❷保有二到三名商量對象，拿不定主意時立刻找人商量

確認指示內容後，只要有拿不定主意的地方，就立刻聯絡二到三名商量對象，跟他們討論看看自己有沒有誤解、可否採用這個做法、該注意什麼。

商量對象，最好是從同個職場裡資歷比自己深一點的前輩、同梯的同事、資歷比自己淺一點的後輩當中，選出二到三個合得來的人。假如求學時代的同學當中有人能夠商量工作上的問題，也把這個人加進來。互相成為商量對象，經常對彼此的工作進行方式提供建議——如果能找到這樣的夥伴是比較理想的。

這無疑是有效的做法，遺憾的是這麼做的人似乎不多。我想原因無非是沒想過要「馬上找人商量」、認定「工作應該先靠自己一個人進行」、單純覺得不好意思，或是沒人要帶頭，總之很可惜。

我在輔導企業實施經營管理改革時，除了專案負責人外，還常把對方的同事一起拉進來參與。這種時候大多能從同事那裡得到非常有幫助的建議。由於不是自己負責的業務，他們反而可以客觀看待，再加上他們也知道上司的個性與嗜好、部門的特性等資訊，所以應該可以提供有用的建議。雙方立場對調時也這麼做的話，不僅可以互相幫助，還能拓展自己的視野，增廣見聞。

❸在當天之內，最晚隔天要提出產出物概念進行確認

向上司確認過指示內容，也得到商量對象的建議後，就以最快的速度勾勒產出物概

念。所謂的產出物概念，以企劃書來說就是用手寫或手繪方式，粗略說明大概有幾頁、採什麼格式。

例如，這份企劃書大約二十頁，封面、目次、各章的首頁以及內文各頁放了什麼圖表等等。起初可能要花一個小時左右才能成形，做過幾次後就能縮短至三十分鐘左右。除了企劃書這個例子外，一頁提案書、Ｅｘｃｅｌ報表、設計的草稿等等，任何可掌握大框架的東西都能作為產出物概念。

就連無法下達明確指示的上司，在看過這個產出物概念後，也能夠給予相當有幫助的建議，例如朝這個方向進行是否沒問題？或者要稍微修正方向？

❹在距離交期還剩一半時間的階段完成八成，確認產出物

不管怎麼確認，還是會有認知上的出入。若要避免這個問題，唯一的方法就是在距

離交期還有一半的時間內完成八成，然後再度確認。

你是否覺得「要是辦得到就不必煩惱了」呢？許多人都有這種想法，其實想做的話還是有辦法的。假如你一直推延業務不斷累積工作，每次都造成各種浪費，還得勉強自己或他人想辦法趕上交期，當然無法順利辦到。要在有一點餘裕的時候大膽地進行。試了之後就會發現，其實沒那麼困難。

工作能力強的人，都會像這樣提前做好工作，因此請你在周遭找一找這樣的人物。找到之後，就仔細觀察提前進行工作的訣竅，或是中止惡性循環、大膽地切換方向的方法等等。

例如，如果要提前進行工作，該如何建立不會失敗的假設、如何在沒有任何材料的情況下勾勒全貌、如何以最快的速度蒐集內外的智慧與Know-How……等等。另外還要觀察，即便小心翼翼仍發生惡性循環時，如何盡早察覺，防止情況繼續惡化，以及如何讓氣餒的成員再度振作等等。

觀察之後，再向當事人問個清楚吧，就算有點纏人也沒關係。畢竟專案會成功還是失敗取決於詢問的結果，這種緊要關頭沒必要客氣。詢問之後你會發現，之前自己所想的、以為是常識的工作方式，與對方的做法天差地別。

工作能力會變強的人，這種時候不會客氣，他會徹底地向對方請教。只要你態度真誠，對方應該會歡迎你並給予指導吧。

❺平常就要寫Ａ４筆記，瞭解上司的煩惱與立場

上司的心情，下屬很難理解。畢竟雙方立場不同，就算要想像也往往會猜錯。解決這個問題的有效辦法是，平時就要徹底站在上司的立場寫Ａ４筆記。

具體來說，就是使用以下的標題來寫Ａ４筆記：

・**經營者與上司，會如何使這家公司變得更好？**

・經營者與上司，是如何進行自己的工作？
・上司的上司帶給他什麼樣的壓力？
・上司最困擾的事是什麼？
・上司在下屬身上看到了什麼課題？
・上司對下屬有什麼期待？
・這次的案子對上司造成什麼樣的壓力？
・上司遭受到董事什麼樣的申斥？
・對上司而言這次的案子有什麼意義？

這樣一來，就能發現許多光憑想像的話不會注意到的部分，進一步瞭解上司的辛苦、長處與努力等等。鮮少有人知道上司的狀況或煩惱，因此這可當作建立良好關係的第一步。

不過，這個方法有可能因為之前的習慣，很難一個人著手進行，而且也很難持之以恆。這種時候，不妨找幾名同事或外部的朋友當夥伴，每天早上或午休一起實踐。

另外，若是使用Facebook或LINE在線上實施，基本上就不用費什麼事了。只要持續付出這樣的努力，就會開始出現不同以往的結果，令上司吃驚而對你刮目相看，工作做起來也會比較得心應手。

適度地
找對方商量、報告

如果工作進行得不順利，下屬就會怕上司找自己談話而開始躲上司。於是，要找上司商量或報告就變得越來越困難。這是無論如何都必須想辦法中止的惡性循環。壞的循環不僅有必要立刻改變，而且這件事沒那麼困難。

掌握上司的溝通喜好

改善溝通的第一步，就是正確掌握上司喜歡的溝通方式。亦即上司希望我們在哪個時間點報告或商量什麼事，以及上司對於時段或時間有什麼看法等等。

如果能直接詢問上司是最好的。

自己：「謹慎起見，我想先跟您確認一下，關於進度，兩天報告一次可以嗎？」

上司：「這個嘛，就這麼辦吧。」

自己：「有急事時，我應該用電子郵件、LINE 還是電話聯絡您呢？」

上司：「發電子郵件給我就好。不過，緊急時就不必客氣直接打電話給我。」

自己：「打電話也沒關係是吧。什麼時間打給您比較方便呢？」

上司：「如果很緊急，早上七點半到晚上十一點左右這段期間都可以打給我。」

大概就是這種感覺。有些上司喜歡打電話，有些上司不喜歡，所以這點要先問清楚。另外，有些上司想在執行過程中盡量多確認幾次進度，有些上司則是能不干預就盡量不去干預，也有上司想放手讓下屬自己去處理。

因此，**一開始就先問清楚是比較安全的做法**。要不然，日後對方若抱怨「不是這樣吧，為什麼會差這麼多啊？怎麼中途不向我確認呢？這種事很簡單吧？」，或是「既然情況突然有變，就算是週末也可以打電話給我啊」，只會令自己感到無處宣洩的憤怒。

如果很難直接詢問上司，不妨問問職場裡能幹的前輩吧。因為能幹的前輩，相當瞭解上司的習慣與喜好。似乎有許多人連向前輩發問都會猶豫不決，這種時候就不要客氣儘管問。關於上司不喜歡的溝通方式，也要向前輩問清楚喔（大家應該不太敢問上司本人吧）。

化解沮喪的心情

當你因為上司的言行而感到鬱悶、混亂或憤怒時，同樣建議你寫A4筆記。寫完之後不愉快的心情就會煙消雲散，對上司的懼怕也會大幅減輕，心情隨之開朗起來。神奇的是，心情變開朗後就會湧現自信。這種現象，正是惡性循環轉換成良性循環。

於是，你就能夠小心地避開地雷，適度地找上司商量或報告。

平常就要貢獻心力，幫忙打造上司期望的組織或團隊

上司認為，打造自家部門的組織或團隊很重要。不過，絕大多數的上司，對於如何才能強化組織或團隊並沒有概念。對於如何培育下屬這一點，也有不少上司認為「派下屬去做困難的工作，能夠克服難關的人就會成長。除此之外，講什麼漂亮話都沒用」。

因此，如果你能貢獻心力，打造上司期望的組織或團隊，即便上司沒明說，心裡也會非常感謝你的。具體的做法，就是在部門內部企劃、主辦「最佳實務分享會」，或是率先示範打破部門內部藩籬的溝通、指引新進員工以免他們遇到問題時不知所措等等，你可以嘗試做這些事。這種積極向前的態度相當討上司歡心。

只要平常就以上司的觀點思考，站在經營者或上司的立場從多個面向寫A4筆記拓展視野，並且努力去做自己辦得到的事，便能有效做出貢獻。相信你與上司的關係也會變得非常良好。

除了上司之外，同樣該事先建立良好關係的群組

其他部門的經理

面對其他部門的經理時，最好也別畏縮，只要有機會就與對方交談。各位或許會覺得很麻煩，但這麼做絕對有助於推動工作。你可以拿最近操勞的事、自己的煩惱、該名部門經理應該也感興趣的外部話題、新體制或公司的事等等當作話題，總之請一定要試著跟對方攀談。

我偶爾會遇到心思全放在被指派的業務上，只顧著努力產出結果，鮮少觀察周遭的人，不過這樣一來，真正重要的工作是無法順利進行的。即使當下看起來很順利，但因為沒把周遭拉進來幫忙，之後便容易遭遇困難。只靠自家部門的話，辦得到的事很有

限。

即便其他部門的經理相當年長或年資很長，只要不是特別古怪的人都有辦法交談。無論在哪間公司，部門合作都很重要，如果是能幹且略懂這個道理的人，他反而會說「很高興你願意來找我談」，對你表示歡迎，所以不必擔心。

從前還有一種辦法是，透過高爾夫球與其他部門的經理或內部的關鍵人物混熟。但是，高爾夫球已逐漸退流行，而且不打高爾夫球的話就沒辦法使用這招，因此建議在職場或聯誼會上只要有機會就去找他們攀談吧。

交易對象

如果是交易對象，我們能夠交談的對象是該公司的總經理，還是董事、部門經理級的人物，視我們的立場而定。跟地位高的人物交談當然比較好，但太過積極的話也有可能令對方略感不快，所以進行互動時要留意自己的態度。

工作能力強的人，就很擅長這種拉攏重要人物的手段。尤其對於重要的交易對象，不妨多花點心思運用各種小技巧，例如請董事帶自己同行。建議要做些超過自身立場、盡可能讓高層人士記住名字的事。這樣一來，當你有需要時，想跟對方開口絕對會更加容易。

企業夥伴

如果是企業夥伴，要與該公司的總經理或相關人士交談會比較容易吧。由於有些案子的要求相當強人所難，我們必須事先跟企業夥伴打好關係。因此，平常就要做我們辦得到的事，這點很重要。不妨為對方做出貢獻，但別擺出挾恩圖報的態度。

切記，要盡量維持施與施的關係，而非施與受的關係。如此一來，當我們必須向對方求助才能推動事物時，就會比較容易得到幫助。

公寓管理委員會的委員、家長教師聯誼會幹事、親戚等

除了工作以外還有各式各樣的例子，這裡就舉「公寓管理委員會的委員」與「家長教師聯誼會幹事」來說明。假設我們要拜託公寓管理委員會的委員，「整頓腳踏車停放處」或「調整倒垃圾規定」。

如果從來沒打過招呼，對方就只會形式上應付我們，此外只用一句「這樣啊，我明白了。我們會再討論」來打發的情況也很常見吧。雖然對方說「會再討論」，但多半什麼也不做，最後不了了之。

不過，若是平常就會交談，讓對方產生一點親近感的話，就很有可能令對方的態度更親切一點，並且願意賣力幫忙。舉例來說，當我們要拜託家長教師聯誼會幹事盡快解決霸凌問題時，假如雙方平常就會交談並產生親近感的話，對方就會願意展開行動設法幫我們的忙。假如是無法靠普通方式處理的問題，能否讓對方把你視為自己人，對結果的影響是很大的。

親戚也一樣。如果平常就跟親戚保持一定程度的往來，有什麼事時就比較容易拜託對方幫忙。像介紹工作或婚喪喜慶時幫忙等等，就是受惠於平時建立的關係。其實我本身很不擅長這種交際，但仍不能馬虎。

事先建立同事、同學、朋友等能通融幫忙的群組

說到同事、同學、朋友，當中有合得來的夥伴，也有經常玩在一起，但很難請他幫忙的人吧。

如果平常就對夥伴有所貢獻，大家都認為你是好人而尊敬你的話，當你有需要時就比較容易請他們幫忙。假如你不是這樣的人，那就很困難了吧。即使拜託對方，對方可能也不太願意幫你。

不過，這些行為全是「信用的借出與借入」，「借」了就得找機會「還」。單方面「借入」的狀態無法維持長久。要是沒辦法做到「有借有還」，好不容易跟朋友建立起來的關係就會變得不太穩定。

朋友或熟人當中，目前沒事要拜託，但未來能求助的對象

對於朋友或熟人當中，目前沒想到要請對方幫忙的人，你能與他們建立並維持良好關係嗎？也許你現在沒有餘力顧及他們。不過，等你跟工作上或私生活中有可能求助的對象建立關係後，最好要與他們保持一定程度的聯絡交流。

換句話說就是為了未來而建立關係。應該有人會覺得這種想法很功利，不是很喜歡。但我認為，我們的時間畢竟有限，給人際關係做一定程度的區分是無法避免的。

在力所能及範圍內，誠懇地與所有人聯絡交流

對於平常有機會接觸的所有人物，應採取不會丟人的行動，並且以積極向前的態度面對他們。這樣一來或許就能建立，當自己有需要的時候，願意支援自己的夥伴或社群。

話說回來，就算準備到這個程度，工作上或私生活還是很常遇到，必須跟初次見面的人交談並推動事物的情況。這種時候，由於沒辦法做談話前的準備，只能靠目前具備的能力決定勝負。

此時勝負是取決於為人、存在感、聆聽力、內容易懂度、說服力，所以沒有辦法矇混過去。剛開始會很吃力，不過習慣之後膽量就會增加，能夠應付大部分的狀況。

關於為人，這點是沒辦法突然改變的。裝模作樣或試圖掩飾，都只會顯得很不自

然。對方若是個精明能幹的人，一下子就會看穿你的偽裝。建議抱持「自己就是自己」的態度，以平常心去面對。

關於存在感，即便是初次見面，只要別一副誠惶誠恐的樣子，舉止自然且充滿自信，存在感便油然而生。可能有些人會莫名在乎領袖魅力或氣場，不過存在感跟這類東西無關，用不著在意。

關於聆聽力，積極聆聽（active listening）是不二法門。積極聆聽是指認真聆聽，有疑問就發問，進一步深入探究。不是邊聽邊想像，也不是邊聽邊思考自己要講什麼，而是認真、誠心誠意地側耳傾聽。如此一來或許就能更加瞭解對方真正的心情，也能發現折衷點（參考書末附錄❷）。

關於內容易懂度，只要事先將自己想表達的內容條列出來整理歸納就沒問題了。人若是缺乏自信，往往就會忍不住長篇大論說個沒完，這樣會有反效果。要盡量言簡意賅喔！

至於說服力的高低，取決於你想表達的內容、想拜託的事情，對方覺得有多重要，以及自己那不帶私心的想法有多強烈。

事先訂出折衷點

這項提案的「正當理由」是什麼？

推動事物時最重要的就是，「對方為什麼必須答應我們的請求」這個「正當理由」，以及事先根據這個正當理由訂出「折衷點」。

雖然各家公司或各個對象都有各自的狀況，不過要是告訴他們，**我們是為了社會、為了日本，或是為了此刻正感到困擾的人才想做這件事，希望他們能夠提供協助，大部分的人都會理解的。**

舉例來說，假如我們拜託急速成長中的IT新創企業總經理：「我們希望每年能送一百名具備程式設計才能的高中生，到新加坡參加程式設計競賽，所以想請您擔任贊助人。」對方應該極有可能瞭解我們的宗旨，並且願意積極正面地考慮這件事。不過，如果對象是不怎麼關注ＩＴ的中小企業總經理，對方能否理解這件事的重要性就很難說了。

說明「正當理由」時，有幾點必須注意。

注意要點❶

自以為是的提案

問題是，即使有正當理由，想法也很好，提案卻很容易淪為自以為是，所以要避免讓人覺得「我也不是不懂你的意思，但會不會有點偏頗？」。要是提案讓人覺得是片面的，就算對方能夠理解，依然不會答應。

注意要點❷

過於求快不求好的提案

過於求快不求好的提案，會使對方發現我們的弱點，因而變得難以說服對方。迅速行動是很好，但行事要慎重小心，別讓自己看起來很著急。如果只看局部，或是草率行事，日後容易發生問題。

注意要點❸

強迫的提案

沒考慮切合實際的辦法，或是跳過步驟，擺出「廢話少說，我就是要做」、「這個問題很大，還是放棄吧」、「既然之前的做法行不通，就算有些勉強還是該採取這個做法」之類的態度，同樣無法打動對方。如果太想實現提案，沒去想像聆聽者會有什麼感受、會如何解讀就要當心了。另外，不聽他人意見的人、死腦筋的人，以及不怎麼蒐集資訊，常常只憑偏頗的資訊做判斷的人，似乎大多都會陷入這種模式。

如果有人針對提案點出問題，就要認真聆聽喔！**要是不願意聆聽他人的意見，就無法站上使對方展開行動的出發點**。此外，正當理由也會無法發揮它的作用。

找出折衷點

明確提出打動對方的「正當理由」後，接著要訂出折衷點，這點很重要。**折衷點就是「經過溝通後，雙方都能同意的底線」**。這是因為，若考量對方的立場或狀況，我們的主張能夠順利過關的機率並不大，所以有必要訂出底線與對方達成共識。

為了找出這個折衷點，無論如何都需要切合實際的看法。切合實際的看法是指，選擇**「既可依照理想藍圖進行，實際執行時也不會過於勉強的方法」**。

只開一次會就能達成共識嗎？若分成二到三次討論就有可能達成共識嗎？或者因為落差過大，這次還是放棄比較好呢？總之也要考量這幾點，冷靜判斷。有些人是抱著「豁出去」的態度衝動行事，但這樣是無法持續順利進行的。雖然也有成功的時候，但重現性應該不高。

要找出折衷點其實沒那麼困難。**重要的是，要有「先訂出折衷點比較好，這樣才能得到好結果」的想法**。就算折衷點留有些許餘地，通常也不會發生什麼大問題，能夠順利前進。

不擅長建構關係的我所採取的做法

該怎麼做才能建立，有需要時能派上用場的良好關係呢？答案正是「準備」，這是我們應該注意並投入的事。雖然這不算是我擅長的領域，但我仍舊努力讓自己能做到某種程度。

之所以說不算擅長，原因有兩個。

第一個原因是，我不太會喝酒，所以基本上我不會在晚上跟人悠哉喝酒，或是開心地續第二攤、第三攤。由於參加酒局可比白天的會議聊到更多、更深入的話題，也比較容易跟對方一拍即合，我覺得很可惜。

麥肯錫時代我在韓國工作的那十年，晚上的應酬非常重要，程度更勝於日本，所以我總是裝作會喝酒的樣子。在韓國，敬酒與回酒很重要，因此一入座我就先發制人，立刻向現場地位最高的人物敬酒，對方回酒時只喝一點，然後就把酒倒在旁邊的碗裡接著再敬酒，總之就是使用這種小技倆應付過去。

第二個原因是，我是個比較內向的人，所以不會想跟一大堆人長時間處在一塊，也不會想跟別人滔滔不絕地訴說自己的事。由於工作的關係，我得跟許多人見面，一年也會舉辦約莫一百場的講座，所以面對他人這件事本身絕對不算痛苦，但晚上或週末，還是一個人獨處比較快樂。

言歸正傳，**要建立人際關係，最重要的是什麼呢？答案有兩個，就是「給人好印象」與「不惹人厭」**。

能否留下好印象，其實運氣也有一點影響，但要讓自己不惹人厭，就該做到這件事：不憑外表或第一印象片面斷定，而是誠懇且認真地聆聽對方說的話。基本上人不會討厭願意聽自己說話的人，所以這個方法的成效十分驚人。以下就來分享自認不擅長的我，是如何嘗試建立、成功建立有需要時能派上用場的良好關係。希望能供各位做點參考。

❶在見面後一個月內與對方聚餐

提供經營管理改革的諮詢服務時，我都會盡早跟客戶那邊主要的董事、部門經理聚餐。如果對象是客戶團隊，就在見面後一週之內進行；如果對象是主要的董事、部門經理，則在見面後一個月之內進行。如果沒聚餐我就會不安心。因為直到吃完這頓飯之前，我都會擔心他們會不會對我很見外。

等經營管理改革有了進展，展開新的專案時，再與新成員一起吃飯。輔助LG集團實施經營管理改革的那十年我特別注重這點，在日本輔助大企業實施經營管理改革時也一樣很重視聚餐。

聚餐最好還在晚上。吃午餐的話，因為下午還要工作，雙方沒辦法慢慢聊。吃晚餐的話既能喝酒又比較放鬆，而且對話的深度與雙方的親密度都遠勝於前者。我本身基本上是不喝酒的，如果是能喝酒的人就儘管把酒言歡。

❷出席大型活動建立人脈

每年日本都會舉辦幾次，有不少急速成長中的新創公司總經理、大企業的新事業執行長、投資者等人物參加的大型活動。參加這類活動，就有機會認識許多公司的總經理。

我在日本參加過幾次規模最大、新創公司總經理與投資者齊聚一堂的活動，結識的總經理超過數十人。晚上的派對與之後的續攤也會參加，如果相談甚歡，還能約對方在隔天共進早餐或午餐，所以關係一下子就拉近了。

後來我運用自己與這些人物的關係，於二〇一一年以及二〇一二年時，舉辦了「Breakthrough Camp」，這是日本最早的學生應用程式開發競賽。我請他們成為贊助者，這才得以提供將近一百名學生合適的環境。在兩個月的比賽期間，學生們使用位於神田的週租公寓專心開發應用程式。住宿費全免，並補助餐費，此外也免費供應速食杯麵與咖哩，還支付外縣市學生往返的交通費。

不消說，邀請他們參與、贊助活動，以及當天的交流、事後的追蹤等等，都讓雙方的關係變得非常深厚。順帶一提，參加這場競賽的學生當中，後來自行創業的人還不少。

準備最低限度的有用資料

有事要拜託別人時，記得先準備有用的資料喔！雖然這並非絕對需要的東西，但要請對方答應、支援什麼事時，也得事先做好準備方便對方進行內部協調等工作。如果沒有資料，我們的認真程度很有可能會遭到質疑。

事前要準備的「有用資料」是指？

所謂的「有用資料」，簡單來說就是關於以下四點的資料。

①是誰為了什麼問題非常困擾？

②關於這個問題，能夠採取什麼獨特的解決辦法？

③為什麼我們會來拜託對方？

④這次的請託事項

因為這部分很重要，以下就依序說明這四個項目。

首先，假如沒說明**「是誰為了什麼問題非常困擾」**，對方就不清楚這項請託的意義與重要性。此外也無法讓對方產生，「困擾的人不只他們」這種當事者意識。

接著需要**「獨特的解決辦法」**。如果沒提出辦法，對方會覺得「就算問題很嚴重，但沒有解決辦法的話，說再多也沒意義吧」而拒絕。或者遭對方反問「明白是明白，但你想怎麼做？」，最後不了了之。

接下來，必須說明清楚**「為什麼是我們去做這件事」**，否則對方會覺得「明白是明白，但為什麼是你們去做？」、「跟你談也沒用」，因而提不起興趣。

最後是「這次的請託事項」，要盡量將必須拜託對方的事整理得簡潔易懂。不少人因為對內容沒自信，於是鉅細靡遺地把各種東西都寫進去，但這樣會造成反效果。

只要大膽地捨棄多餘的內容，就能清楚表達本來該傳遞的訊息。

資料製作完成後

為了準備有用的資料，當你製作完成後，要不斷以對方的觀點檢查內容是否淺顯易懂。熟練之後只靠自己也有辦法檢查，不過剛開始的時候，建議採用以下幾種做法。

最簡單的方法就是拜託某個人，請他向自己說明那份資料。這算是非常簡單的角色扮演。站在聆聽者的立場檢視資料，能將資料的缺點看得一清二楚。而且不只能看清楚缺點，還能立刻發現「不值一提」的部分，修改之後再請人說明一次。

我都是使用PowerPoint（或者KEYNOTE、Google Docs等等）製作，**等資料大致做好後，以幻燈片模式從頭到尾播放十到二十次，將奇怪的地方一個一個修正過來。**到了最後階段，一定會印出來找出需要改善的細節。資料只要印出來，就很容易找出需要改善的地方，實在很神奇。

心有餘裕就會順利

說話時最重要的就是，要保持心有餘裕的狀態。**心有餘裕是指，擁有自信，能以自然的態度面對對方**的狀態。

人在心有餘裕的狀態下，最能發揮自己的能力。此外也能迅速理解對方的話語、表情、肢體語言等等，並予以適當的應對。無論怎麼準備，我們也沒辦法在事前完全預測對方會擺出什麼態度。一旦開始談話，就得領會對方的反應或沒反應所代表的意思，臨機應變。

不抱持成見，不片面斷定，要努力理解對方。就算對方表現出意料之外的反應，也要暫時配合對方回答：「哦，這樣啊。」積極聆聽就會發現，自己感到意外的事未必真是意料之外。

要讓自己心有餘裕，有許多方法可以運用。

❶不斷練習
❷以接近實際情況的形式進行預演
❸站在對方的立場寫大約二十頁的A4筆記
❹試著預設最糟糕的情節
❺開會時提早一點抵達現場
❻會議之後的時間不安排其他行程

這部分很重要，以下就逐一為大家說明。

❶不斷練習

為了推動事物而開口說話，絕對不是一件容易的事。畢竟有對象要面對，還要考量利害關係。就跟舉辦鋼琴發表會、參加卡拉ＯＫ大賽、舉辦演講等情況一樣，不斷練習是很重要的，這點無庸贅言。「為了推動事物而開口說話」同樣值得練習。

當自己已經做到這個地步了、已經這麼努力了、已經沒有遺憾了，心靈的餘裕便會油然而生。絕大多數的人應該都是沒做什麼練習就直接正式上場，不過**尚未習慣時最好要一再練習**。累積下來的成果會在之後發揮作用。

❷以接近實際情況的形式進行預演

練習時，建議盡量以接近實際情況的形式進行預演。

舉例來說，如果要在對方的董事會上，向總經理、副總經理、常務及三名董事這六個人提案，那就拜託六名同事扮演這六個角色，模擬向他們提案的情況。這種時候，可用奇異筆在紙上大大寫上總經理、副總經理等職稱，擺在座位前面。發問時，也請他們根據自己的立場提出問題。

不要害羞，請盡量認真地演練。無論是練習提案的自己，還是扮演那六個角色的同事都能學到很多。雖然我們通常不會知道對方的總經理、副總經理等人物個性如何，也不知道他們之間的關係或氣氛，不過請同事扮演他們坐下來聽自己認真說明，甚至進行問答，經過這樣的練習後就能讓自己心有餘裕。

當然，如果能事先得知，總經理是個非常愛講道理或愛裝糊塗的人，或者其中一名董事很愛斤斤計較之類的資訊，就可以請同事根據這些資訊做出符合個性的言行。總之概念就是，請同事根據已知的資訊扮演角色，事先做好心理準備。

在公司內部的新事業討論會議上提出新事業企劃案時也一樣，事先按照這樣的設定進行預演的話，就能使自己心有餘裕。無論何種運動，正式比賽前都要進行好幾次練習，還要進行練習賽，這個方法也是一樣的道理。

❸站在對方的立場寫大約二十頁的A4筆記

站在對方的立場寫大約二十頁的A4筆記，可以得知相當多的事。舉前述的例子來說，假設站在對方總經理的立場，按照以下的標題寫A4筆記。

- 總經理最在意這項提案的哪個部分？
- 總經理認為這項提案的哪個部分最棒？
- 聽見這項提案時，總經理有什麼感覺？
- 什麼樣的說明，總經理比較容易聽懂？
- 什麼樣的說明，總經理比較難理解？
- 如果總經理不同意這項提案，他是在擔心什麼？
- 總經理在內部推動這項提案時會遇到什麼瓶頸？
- 總經理有多在乎前任總經理的意見？
- 總經理是如何看待自己（提案者）的？
- 總經理的煩惱是什麼？
- 總經理最關注的事是什麼？

・總經理同意這項提案後，可能會如何執行？

只要依照上述標題寫個二十頁左右，就能思考得比沒寫筆記單純想像還要深入好幾倍。站在對方的立場觀察，不僅能發現需要改善的空間，內心也會產生餘裕。

另外，發生不愉快的事時往往會一直耿耿於懷，如果從多個面向書寫A４筆記，由於可站在對方的立場審視這件事，只要花二十分鐘，寫個二十頁左右心情就會非常舒暢。好比說，站在爭論對象的立場來寫，或是站在沒自信而煩惱的同事立場來寫等等。

這麼做不只能令心情舒暢，還可以客觀審視對方的立場、想法、能夠允許的事與不能允許的事等等。如此一來，就能往解決問題這個目標前進一大步。

❹試著預設最糟糕的情節

預設最糟糕的情節也很重要。因為若能預測情況大概會演變成這樣，自己就能心有餘裕去面對。這裡就拿前述的例子來說明吧。

最糟糕的情節Ⓐ

才開口說話五分鐘，總經理就發脾氣

此時的對策是，先向對方道歉：「對不起。請告訴我您生氣的原因，我會在力所能及的範圍內改進。」接著採取積極聆聽的做法。

積極聆聽時，不要誠惶誠恐地再三道歉，或是思索如何反駁對方，應該認真聆聽總經理說的每一句話，努力理解。這樣才能從中找出端倪。一再道歉的話，我們的態度會變得過於低三下四。邊聽邊思索如何反駁對方，不僅會讓對方感受到我們的態度而火上加油，也有可能會誤解總經理真正的想法。由於也有可能是自己之前犯了什麼疏失，或是有意想不到的原因，總之不要情緒化，先專心聆聽。

最糟糕的情節B

提案講了約十五分鐘後，對方的經營者突然說：「不必再說了。貴公司的提案完全不符合敝公司的經營方針，請回吧。」

此時的對策是，回答對方：「這樣啊，真的非常抱歉。請問是哪個部分不符合貴公司的經營方針呢？還請您賜教，謝謝。」總之不要慌不要鬧，要冷靜地詢問原因。就算明顯地表現出失望也無濟於事，再者要是我們被對方的無禮態度惹腦，溝通就會到此結束，所以只能誠懇有禮貌地詢問對方原因。

有可能是對方誤會，也有可能是我們考慮得不夠周全，所以不能輕易放棄溝通。其實挽救的機會多得是。

❺開會時提早一點抵達現場

開會時提早一點抵達現場這件事雖然簡單，卻也很重要。大約提早十分鐘抵達的話會比較安心。

當然，如果是雨天或者地方有點遠，提早三十分鐘比較保險吧。雖然這看似小事，有些時候卻是要命的關鍵。有些人總是趕在最後一刻抵達或是遲到，這樣風險太大了。

❻會議之後的時間不安排其他行程

要保持心有餘裕的狀態，重要會議之後的時間不安排其他行程，同樣是簡單卻很重要的事。會議有可能因為雙方談不攏而延長，此外事情談得很順利，會後對方邀我們聚餐的情況也不少見。有時聚餐之後對方才會吐露真心話，有時則是續第二攤時才敞開心房。

在國外，尤其在韓國、中國、臺灣、印尼等地方，做好這種交際應酬是很重要的。當然，本來以為可能會受邀而空出時間，結果卻沒接到邀約的情況也很常見，這時我都會轉念告訴自己：「多出了一點時間，太棒了！」

只要花十五分鐘實施角色扮演就能大幅改善

如果拜託兩名同事跟自己一起進行角色扮演，只要花十五分鐘左右就能幫助你做好絕佳的準備（參考113頁圖3）。

其中一人扮演聽取簡報的聆聽者，另一人扮演進行簡報的請託者，最後一人擔任觀察者，觀察雙方的互動。

首先花三分鐘，像正式上場一樣進行簡報。聆聽者也可以有模有樣地發問或指摘。

三分鐘之後是回饋時間。回饋時間總共兩分鐘，由觀察者、聽取簡報者、進行簡報的請託者三個人互相分享自己的發現與感想。

兩分鐘之後以順時針方向交換扮演的角色，上述的流程進行三輪後就結束，總計十五分鐘。這樣一來就能得知，該怎麼進行簡報、該怎麼說才會更有成效，從中獲得許多發現。

不要覺得「十五分鐘能做什麼」，請務必嘗試一次看看。相信你會馬上發現，這麼做是有意義的。我敢自信滿滿地說，這是世界上最快的一種角色扮演做法。

以前要實施角色扮演時，得非常仔細地做準備，還要寫劇本，一次要花十五分鐘以上，沒完沒了地進行下去。可是，這種做法有許多缺點，例如要花太多時間準備、變得很不自然、立場相同的話獲得的發現並不多……等等。再加上實施角色扮演的工作坊時間有限，我便從一次十五分鐘，縮短到十分鐘，發現沒問題後再縮短到七分鐘、五分鐘，最後縮短到現在的三分鐘。

角色扮演只花三分鐘，回饋只花兩分鐘，整段流程進行三次，三個人就可以花十五分鐘體驗「簡報者」、「聆聽者」、「觀察者」這三個角色。不可否認的，時間確實太短，不過變換立場後獲得的發現，以及擔任觀察者觀察另外兩名扮演者並回饋意見，皆具有非常大的意義，因此基本上這樣的時間其實夠用。而且角色扮演若進行五分鐘以上，大家應該會覺得很煩。

我一年會舉辦大約一百次的工作坊，此時大多會實施這種角色扮演，而且基本上都廣受好評。

透過這種方式，可在短時間內體驗平常不會遇到的情況，例如「向易怒的客戶總經理提案」、「找性情出了名急躁的董事商量新事業」、「指導笨拙的下屬」、「無論面臨何種狀況都專心一意地積極聆聽」等等。

圖 3　角色扮演

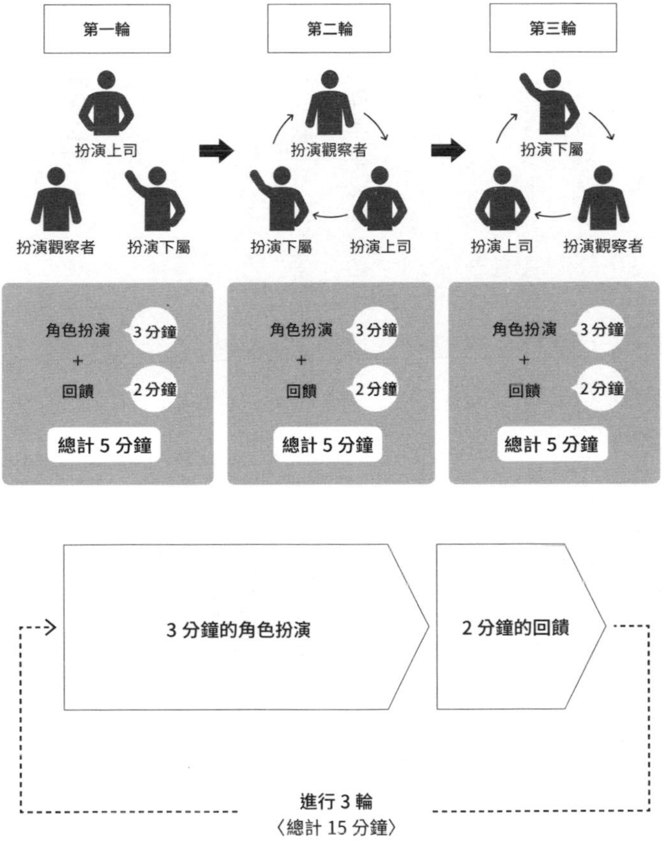
第一輪
扮演上司
扮演觀察者
扮演下屬
第二輪
扮演觀察者
扮演下屬
扮演上司
第三輪
扮演下屬
扮演上司
扮演觀察者
角色扮演
3 分鐘
+
回饋
2 分鐘
總計 5 分鐘
角色扮演
3 分鐘
+
回饋
2 分鐘
總計 5 分鐘
角色扮演
3 分鐘
+
回饋
2 分鐘
總計 5 分鐘
3 分鐘的角色扮演
2 分鐘的回饋
進行 3 輪
〈總計 15 分鐘〉

【專欄】服裝與髮型

關於服裝，適度配合對方算是商業上的常識。尤其若站在有求於人的立場，配合行業或對方的狀況，再莊重一點會比較好。不過，最好是靠個人魅力或談話內容來吸引目光，而不是靠服裝引人注目。

如果是到國外出差，我都會事先打聽當地的習慣盡量配合。之前每個月都會到印度或越南出差，因此抵達機場後，我會先到廁所換衣服。因為當地氣溫比日本高五到十度，穿長袖的話太熱，而且顯得突兀。如果是南北狹長的國家，北部與南部的穿著打扮也會不一樣。在矽谷，一般都是穿半正式休閒裝。來自日本的出差者身穿西裝魚貫而行，看上去就有點格格不入。

關於髮型也一樣。雖然我也認為這是每個人的自由，看自己喜歡什麼髮型就那樣辦，但假如接下來要去談事情取得對方同意，髮型卻讓對方覺得你有點古怪，這未必是明智之舉。

我的意思並不是保守比較好，但服裝與髮型避免給人突兀感，溝通時比較能夠放心地切入正題。

理解與執行檢查表

□事前準備視談話對象而有所不同
□事先設定折衷點，找出切合實際的解答
□有無事先建立某種程度的人際關係，結果可是天差地遠
□準備最小限度的有用資料，不過有時候不使用反而比較好
□進行十五分鐘左右的角色扮演，大幅加深自己對對方的瞭解

推薦的A4筆記標題範例

- 如何才能消除對上司的恐懼心理？
- 上司的煩惱是什麼？承受了什麼壓力？

· 如何才能確實建立人際關係？

· 如何才能將需要製作的資料縮減到最少？

· 什麼時候自己才會心有餘裕？

Communication
for
Action

第3章

「運作」利用共鳴使對方展開行動

chapter 3

Empathic Facilitation for Action

一般的溝通方式與「運作」有何不同？

一般的溝通方式，是表達我們的想法，設法讓對方接受。假如這樣就行得通當然沒有任何問題，但這種事很難做到。畢竟對方沒義務接受我們的想法，如果有好處對方就會同意，如果沒好處就是「請回吧」，然後溝通就到此結束。

本書解說的「運作」跟前者完全不同，是巧妙引導對方的會議，或是排除障礙讓對方只能點頭答應等等，**「使對方或對方的團隊往我們期望的方向行動」**。

閒聊的效果

相信有些人在會議剛開始時，都是先跟對方打招呼，然後就立刻進入正題。我也有這種傾向，所以都會注意這點，但還是常要反省自己。

之所以不建議立刻進入正題，是因為多數人覺得這種進展方式很唐突，導致溝通變得生硬。這樣一來就很難進入正題，所以我才會認為最好要注意這點。

麥肯錫時代我在韓國工作了十年，近期則在印度工作了三年。在國外開會時，前十五到二十分鐘一定都是用來聊天。有時還會聊得更久，假如之後還安排了其他行程，自己就會坐立不安。雖然很擔心「繼續聊跟正題無關的事沒關係嗎」，但又覺得自己應該「入鄉隨俗」，所以總是勉強配合對方。

不過，閒聊確實也有好處。**這麼做可以更加瞭解彼此，不會徒勞無益**。所以我總是告訴自己「這麼做很重要」、「欲速則不達」。

我喜歡聊的話題，有文化、風俗習慣、觀念之類的差異，以及關於家人的事等等。跟董事長或總經理聊對印度人而言很重要的慶典、新紙鈔發行、應付排氣量管制的辛勞等話題時，我感覺到彼此的距離拉近了。當時的經驗使我學到這件事，也讓我現在重新覺得要好好重視閒聊。

假如你是過於重視速度或生產力，因而常常忽視閒聊效果，或是排斥閒聊的人，請試著認為閒聊是有意義的，並抽出時間與對方聊個一次。想必你會發現，自己與對方的關係變得出乎意料的深厚，工作做起來得心應手許多。於是，速度與生產力也都隨之提升。

一開始先從對方想知道的事說起

不能劈頭就提案

閒聊完準備進入正題時，要以「話說回來，今天前來拜訪是因為……」、「言歸正傳，關於這次的事……」來開啟話頭。

開啟話頭是為了進入正題，但絕對不能馬上提案。這是因為，**對方或許有什麼事想問我們，而我們一定要回答對方。**一般人往往以為，要是自己不主動說點什麼會陷入尷尬的沉默，所以才會覺得「得快點說話才行」，但其實完全沒這種事。此時應保持冷靜，先聆聽對方說的話。

對方也有可能不曉得該不該問而猶豫不決，所以就算等了十秒、十五秒後，對方仍然什麼話也沒說，我們也別急著開口說起來。這種時候，我們就是一邊想像對方要問什麼事，一邊等對方開口。反正就算想像也多半猜不到，所以氣定神閒地等著就好。像我有時擔心對方是不是要針對諮詢成果給予指正，結果對方談的卻是完全無關的話題，或是專案的後續，幾乎每次都猜錯。之所以要如此細心與慎重，是因為若要避免給人「自說自話」的印象，以及要以更具說服力的方式進行溝通的話，先聽對方說話肯定比較妥當。

先帶著誠意仔細回答

當對方斷斷續續地提出問題後，我們要帶著誠意仔細回答。雖說要「帶著誠意仔細回答」，但這絕對不是一件簡單的事。

因為我們會煩惱「這件事可以說出來嗎」、「要從哪裡開始說明呢」、「應該現在說出來嗎」等等，越重要的事越容易猶豫。此外也會擔心「自己是否用了不適當的說法，惹對方不高興呢」，或是「自己是否說了不必要的話呢」。

越是在意這種事，越容易結結巴巴自掘墳墓，所以回答時最好別客氣，也別想太多。

不擅長對答時的對策

不擅長這種對話的人大概可分成以下幾種類型。

類型❶ 怯場的人

怯場的人是因為不知道對方會問什麼、對方提問後不知道要怎麼辦，於是當下頭腦一片空白吧。若要避免這種情況，只要事先將二十到三十個可能會被問到的問題，當作A4筆記的標題寫下來，然後各花一分鐘寫出答案，當對方發問時就能夠輕鬆地回答對方。

類型❷

思緒雜亂，不知道該從何說起的人

思緒雜亂，不知道該從何說起的人，只要事先在一張紙上寫好會議的劇本，包括會議的目的、對方可能會有的反應、一定要傳達的事、如何開口等等，就能夠順利地回答對方。

類型❸

非常在意對方的反應而緊張僵硬的人

非常在意對方的反應而緊張僵硬的人，請抱持這樣的想法：「無論對方怎麼說，世界也不會因此毀滅，這次不行，下次再努力就好！」雖然這是每個人都會面臨的障礙，但這個障礙沒什麼大不了的。

不能用問題來回答問題

有一種情況必須注意。某些對溝通有自信的人，會使用以問題來回答問題的「技巧」。也就是當別人問「你覺得～怎麼樣？」時，不直接回答問題，而是反問對方，「你對這件事有什麼看法？」這種情況較常見於口若懸河的人，或是（自認為）老練的人，但個人不怎麼推薦這種做法。

因為對方會覺得「希望你先回答我的問題。麻煩你不要用問題來回答問題」。雖然有些時候並不會造成什麼後遺症，但基本上還是別這麼做比較好。

想使用這個技巧的人大概可分成兩種，一種是因問題不易回答而想矇混過去的人，另一種則是如果回答就會講出不適當的話，所以想迴避回答的人。前者就算想掩飾也不可能掩飾到底，而且採取這種做法的話態度會變得消極敷衍，人就不會進步成長。後者或許是個謹慎、對外部批評很敏感的人，但該講的話避而不說，不僅會給人不信任感，本來能談妥的事也會談不攏。

時間不夠用的對策

最後要談的問題是，因為「一開始先從對方想知道的事說起」，過於仔細回答問題，導致時間不夠用。雖然仔細回答問題能加深對方的信賴，但時間不夠用也很令人傷腦筋，所以要在不會顯得急躁的範圍內「簡潔、恰當、精準地」回答。

具體來說就是一邊談話，一邊判斷對方的反應，然後設法掌控時間。例如以下的做法：

- 對方越來越感興趣↓加快節奏配合對方
- 沒有打動對方↓採取第二步、第三步對策找出能打動對方的點
- 講得太激動↓如果對方並未跟我們一樣激動，就稍微冷靜一點

・誇張地表現出「期待已久」的反應，對方有點嚇到→太得意忘形了，要控制一下

・很難做出反應，令對方不知所措→使用更容易理解的例子或形容

如何引導談話？

何時才能開始提案？

閒聊完，也回答完對方的問題後，就要進入正題了。此時有幾件事必須留意。對方發問完後，要稍微等一下再開始提案。如果太快提案會給人性急的印象，讓對方覺得你是不是很著急，這樣就可惜了。被人發現弱點可是沒有任何好處的，而且還會折損提案的魅力，所以要注意喔！

不過，如果對象很忙碌，停頓時間太長會讓對方不耐煩。由於對方的業務時段或心情也會影響時機的判斷，假如內部有人可以打聽消息，就先蒐集一下資訊，評估最佳的時機。

無論溝通進行得如何，聆聽對方說的話都很重要

開始提案後，有可能發生溝通陷入僵局，或對方的態度顯得心浮氣躁的情況。例如我們說明得不好時、對方無法理解提案時、話不投機時等等。

這種時候，要拋開想說明的念頭，立刻專心地積極聆聽對方所說的話。如果有無法理解的部分，就以謹慎但不煩人的態度詢問。一定要答腔，以態度清楚地告訴對方「我們不是來找架吵的」。

溝通陷入混亂，談不攏時的對策

當溝通陷入混亂，怎麼都談不攏時，假如有他人在場，就先把話題轉給那個人，改變談話節奏。這樣一來對方能冷靜一點，我們的內心也能恢復平靜。如果時間充足，

或許也可以要求先暫時休息。空出時間讓雙方都靜下心來，然後稍微回到先前協調的地方，重新說明先決條件之類的內容。

溝通陷入混亂時，與其說是因為雙方各執己見，更常見的原因反而是未告知先決條件，或是當中有什麼限制。所以要先解決這一點。

即使對方情緒化，也不要「回敬對方」

對方有可能在我們仔細說明時突然情緒化。這種情況就像交通事故，沒辦法預測。不消說，這種時候絕對要巧妙應付過去，千萬不要「回敬對方」。

畢竟我們是有求於人才前來說明的，縱使對方情緒化而口出惡言，正面迎擊也沒有任何好處。

總之要冷靜地等對方的激動情緒平靜下來。通常事後對方也會反省或是覺得丟臉，所以只要我們以不失禮的態度應對，要再進行會議也絕對不是難事。

不半途而廢、輕言放棄

當溝通陷入膠著，或是談不攏時，很多人會選擇中途放棄。其實我也曾是這種人，不過，隨著經驗累積，我逐漸改變了想法，覺得這樣很可惜。

因為是很重要的事，自己才會準備到這個程度，並且花時間參加會議，如果半途而廢或輕言放棄就沒意義了，對吧？就算最後有可能不順利，也沒有理由中途罷手。

就算對方同意了也別太高興

如果千辛萬苦地開會溝通後，對方總算同意的話可別太高興，這點很重要。要是表現得太高興，可能會給人「是不是上當了」、「是不是被迫答應了什麼不利的條件」之類的印象。畢竟對方仍有可能反悔表示「還是算了」，此時要慎重行事喔！關於這點，個人感受所造成的影響可能比文化差異的影響還要大。如果對方很老實就沒什麼問題，如果是疑心很重的類型就要注意了。

如何表達自己的主張或想法？

要使人行動，關鍵在於自己的主張或想法，對對方而言是否也有意義、能否當作自己的事看待。以下就來談談有關這部分的幾個重點。

不提出自私的主張

此時的關鍵依舊是「正當理由」。大前提是要具有某種社會意義，不是為了私利私慾，要不然很難引起共鳴。

正當理由是指什麼呢？各位沒必要想得很困難，判斷標準就是：**能否抬頭挺胸自信**

滿滿地告訴別人。人往往會為了自己的利益而對一些事情睜隻眼閉隻眼，所以要注意。提出的點子必須讓對方與我們，以及當作對象的人或企業都覺得很棒，否則就算被人批評是「自私的提案」也無法反駁。

找出與對方的價值觀一致之處

尋求正當理由，方法不只一種。即使雙方的意見未必一致，找出與對方的價值觀一致之處是很重要的。

對方：「我現在沒辦法立刻做出結論，因為有許多事情要顧慮。」

自己：「這整件事當然要請您好好考慮。不過，關於透過留學培養人才的方針，您的看法如何呢？」

對方：「哦，這點我理解。對於這點我也有同感，覺得是個好點子。」

自己：「太好了。畢竟那是最重要的部分，雙方看法一致真是令人開心。」

流程就如上述這樣。先確定雙方價值觀的一致之處，之後再來磨合其他的意見。

要讓對方當作自己的事看待

我認為表達自己的主張或想法時，最重要的一點就是「要讓對方當作自己的事看待」。這是因為，如果能做到這點，就能提高當事者意識，對方也很有可能抱持跟自己同等，甚至更多的熱情展開行動。

若要實現這點，就得持續將對方拉進來一同參與，例如鉅細靡遺地分享資訊、安排任務、在專案啟動會議之類的場合一定要請對方演說等等。當對方能主動提出建議，詢問「這麼做如何？」時，就代表對方真的置身其中了。

如果沒辦法一次表達，就分幾次告訴對方

要談的事情規模越大，越不要一次傳達全部的內容，這樣比較保險。如果為了要一次傳達全部的內容而塞了太多資訊，或是省略說明，導致對方難以消化的話，可就雞飛蛋打一場空了。急躁還會使人心生疑慮，因為對方會覺得「為什麼這麼急」、「自己是不是被拐了」。

如果是面對面的會議，要撥出充足的時間，設法取得對方的理解並且確確實實地形成共識。如果是線上會議，要安排時間就會比較容易，例如事先設定每隔兩、三天就舉行下一次的會議。

表達誠意，比表達內容更加重要

提案內容固然重要，實際上還有更重要的東西，那就是**「誠意」**。若不展現誠意，本來能夠傳達的東西也會傳達不出去。我們沒必要「口若懸河」，而且很多時候反而還會令對方心生憂慮，所以要帶著真心，誠懇地表達。

我所說的「誠意」，是指**有正當理由、是利他的、有考量到對方、表裡如一**。不會見人說人話，見鬼說鬼話，會為了對方認真提案。只要表達誠意，即使這次進行得不順利，也能提升社會信用，大幅提高下次成功的可能性。

絕對不要不懂裝懂

溝通的時候，絕對「不要不懂裝懂」，這點很重要。**不懂裝懂完全沒有好處**。這麼做反而會被當成不誠實、不敢說實話的人，導致最後失去信賴。

此外對方還會認為你「沒有自信」，因而打消念頭不想聽這種人說話。最糟還有可能使對方以為，這個人每次溝通都瞎說胡扯，再也不願意跟你見面。如此一來對方更不可能介紹其他人給你認識，而且還會事先叮嚀他人「可別聽信這人說的話喔」。總之一點好處也沒有。

不知道的事一開始就老實說不知道會比較輕鬆。這樣既不會被對方刨根問底，也用不著讓對方多費心思去顧慮我們。為什麼會讓對方多費心思顧慮我們呢？這是因為對方不想害我們丟臉，想幫忙掩飾應付場面。建議各位最好要有這種觀念：在你「不懂裝懂」的那一刻，對方就已識破你在「不懂裝懂」。對方只是不想節外生枝才岔開話題，不去觸及這點罷了（其實對方早已看穿「啊，這個人很沒用耶」、「原來他是這種人」）。

別「不懂裝懂」，不懂就問對方

不該「不懂裝懂」的另一個原因是，這樣就用不著圓謊了。明明不知道卻說自己知道，一邊聽對方說話，一邊還要擔心萬一被對方追問該怎麼辦，於是頭腦就變得更不靈光，整個人心不在焉。

當對方說出自己不知道的事情時，最好的做法就是直接問對方。什麼都別多想，只要說「對不起，請問那是什麼意思呢？敝人才疏學淺，還請見諒」就好。

大約九成的情況靠這招就能搞定。老實發問的話，對方反而會很樂意告訴你吧。就算對方回答「咦？你連這種事都不知道嗎？」，態度有點瞧不起你，實際上對方應該會相當興高采烈地為你解說才對。就算被人瞧不起，我們其實也沒有損失。這麼做反而能讓對方心情愉悅，就這點來說對我們很有利。

唯一該注意的事

不過，**唯一該注意的情況就是，如果那是業界人士都該知道的專業術語，但自己不曉得這個詞彙，就有可能完全被當成假專家。**

至今我仍忘不了，自己在進入麥肯錫工作的第二年，某次參加英語會議時，因為不曉得某個會計用語而發問的事。不管怎麼想，這種問題都不該當眾提出來吧。只要自己立刻上網搜尋，或是詢問團隊成員就能解決了。雖然當時大家什麼都沒說，但事後想想，在自己提出那個問題的瞬間，麥肯錫團隊與客戶團隊一定都覺得「這個人根本是門外漢。居然敢不知羞恥地待在這裡」。無論如何這點一定要注意。

順帶一提，通常跟外國人開會時，就算有不懂的東西，基本上也不會有問題。雖然日本人會擔心「這種事可以問嗎？」、「對方會不會覺得，自己是個連這種事都不知道的笨蛋？」，不過令人意外的是，外國人都會欣然為對方說明。我想是因為他們都有這樣的觀念：不知道並不可恥；發問是好事；有機會為他人說明是很開心的事。

有人發問，就要迅速思考立即回答

這個世上有思考速度快的人，也有思考得花時間的人。不過，**可以的話，立刻回答問題是比較好的**。因為，這樣能提高信賴感。會議的生產力也一定會提升。

就算慢慢想，回答的品質也不會提升

觀察慢慢想的人會發現，他們並非想得更多、更深入、更全面性，大部分只是思考程序、步驟進行得很緩慢而已。思考的品質並未因此提升，這種狀況單純只是「思考速度很慢」罷了。我也經常遇到堅信「如果不花時間思考就想不出好意見」的人，但這種人提出的意見聽起來，通常沒他說得那般有深度。

關於花時間思考這件事，其實也有例外的情況。像圍棋、將棋、西洋棋這類遊戲的高手，就會視需要長考，花很長的時間思考一步棋。不過，在這段時間內，他們的頭腦是以驚人速度持續運轉，不斷預測下一步。這種人就另當別論了。

工作速度快的人思考很膚淺嗎？絕對沒這回事。思考速度快，工作速度自然也很快，於是就能接二連三交出結果。道理就跟時脈頻率快的ＣＰＵ（中央處理器）可進行精密運算一樣，**迅速、準確、沒什麼失誤的思考，只要經過訓練，任何人都辦得到。**

我在小松製作所當工程師時是個非常普通的人，進入麥肯錫後就受到徹底的鍛鍊。人家都說麥肯錫的思考速度是其他公司的三倍快，我還遇過格外嚴苛的要求。不過，挑戰之後發現這種事並非不可能，之後速度也持續加快。我的情況可以說是嘗到了提升速度的好處後就停不下來了。

當我在麥肯錫擁有的下屬增加到四十五人時、當我辭職離開麥肯錫身邊沒有半名下屬時、當我輔導的客戶達到十幾家公司時、當我每個月必須到印度與越南出差時，我都會再加快思考速度克服這些難關。我可以根據這段經驗告訴各位，**思考速度的提升是沒有極限的**，之後速度仍會繼續加快。我也指導了許多人，請他們實際體驗提升思考速度的效果。無論是誰，只要經過訓練，思考速度都能提升數倍。而且，思考的品質並不會因此變差。

立即回答問題的效果比較大

每次有人發問，我都是立即回答。辦得到的人，建議你盡量這麼做。一來可以展現自信，二來容易加快談話節奏，越聊越起勁。由於互動時能夠立刻得到回應，雙方也會因此比較容易意氣相投。

目前沒辦法做到立即回答的人，只要有心努力去挑戰，回答速度就會越來越快。起初可能會擔心自己說錯，但別太在意這點，請持續挑戰下去。我想，說錯的機率應該出乎意料的低。之前你只是一邊說，一邊慢慢想、慢慢琢磨或是猶豫不決罷了，跟頭腦的運轉速度沒有關係。因此，加快思考速度並沒那麼困難。

只要每天寫十到二十頁《零秒思考力》介紹的A4筆記，每頁各寫四到六行，每行各花一分鐘寫十五到二十個字，即答能力就會更上一層樓。

對方的步調很緩慢時該怎麼辦？

如果對方的步調很緩慢就配合對方，但沒必要連我們的發言都放慢速度。只要仔細聆聽對方緩慢的發言，一直聽到最後，然後小心別催促對方，迅速且一針見血地說出該說的話就好。只要不製造出令人著急的氣氛，應該就不難實現感覺良好的對話傳接球。

如此一來便能增進現場的活力與幹勁。

複述對方的話

如果當場確認對方的發言內容，對方也會因為我們有認真聽而放心。雖然沒必要每次都這麼做，不過針對重要的部分複述能收到很好的效果。

舉例來說，就像以下的對話：

對方：「我認為這件事，早點開會分享問題點比較好吧。」
自己：「原來如此，您想早點開會分享問題點呀。」
對方：「就是啊。這樣一來，應該就能事先防止問題變嚴重了。」
自己：「是呀，只要能防止問題惡化就好了。」
對方：「就是啊。要不要朝這個方向討論看看呢？」

自己：「好，我也覺得不錯。謝謝您提出這個好主意。」

要取得同意時，像上述那樣的說法應該就很恰當。只要稍微換句話說，對話就能往前更進一步。

熟練之前，可能有些人會覺得這麼做有點刻意、不自然，其實絕對沒這回事。因為我們只是認真聆聽，然後向對方確認而已，對方反而會越講越起勁。複述對方的話，能讓對方清楚感受到我們仔細且認真聆聽的態度。

跟人說話時，若是像對口相聲那樣互動，比較能加快節奏，雙方也就更容易意氣相投。所以我認為，**不要停頓，複述對方的話，逐漸加快節奏會比較好**。進行得很順利的會議，都是走這種模式。

當然也是有人完全不會加快節奏，這就沒辦法了。不過，只要我們積極向前，相信對方不久也會同意我們的意見。

千萬不要駁倒對方

與人說話時，千萬不要駁倒對方，這點很重要。如果駁倒對方，不僅會使對方非常不高興，我們也會跟著方寸大亂，暫時失去平常心。像我就算已學會保持較為自然的態度，一樣也會受到影響，而且還會延續到之後一段時間。談話的目的，是要請對方同意我們的主張，不是為了辯倒對方。駁倒對方是絕對不能做的行為。**只要能讓對方同意，而且最後往我們期望的方向行動，這樣就夠了**。我偶爾會遇到以辯倒對方為樂的人，不過這種行為實在沒意義。

與**人說話，並不是為了分出勝負**。如果不是單純閒聊的對話，而是有目的的對話，說話就是為了表達我們的心情與情況，請對方同意，並且展開某項行動。

邁入IoT與AI時代後，要自動找出言語暴力、言語霸凌的情況並提出警告並不難。會調查這種紀錄的公司正急速增加當中。就算沒做到那種地步，逞口舌之快也毫無好處可言，所以最好還是別辯倒他人。這種行為不只無法讓事物如你所願地進行，還會留下芥蒂讓你受到阻礙，事後容易發生麻煩。

當雙方經過一番脣槍舌戰，總算分出勝負時，通常都會很想在最後撂下一句狠話，但這種事最好也別做。不管怎麼想這都是沒必要的行為，況且也有可能成為未來引爆紛爭的導火線。我也都會時時注意，自己有沒有多嘴說出不必要的話。

要與對方產生共鳴，而不是駁倒對方

當我們覺得對方的言論很莫名其妙時，就會非常想要駁倒對方。這種時候，**請試著思考對方為什麼會講這種話、為什麼會說莫名其妙的話，試著瞭解對方的心情，與他產生同感**。這樣一來，想駁倒對方的衝動應該就會減輕許多。

只要對方不是無法溝通的人，他會講出莫名其妙的話一定是有原因的。

❶溝通的前提不同

當彼此對各自的角色有誤解或說明不足時，因為溝通的前提不同，我們才會覺得對方說的話莫名其妙。於是結論也就不一樣了。當然，錯在我們的情況也很常見。當雙方都很激動的時候，即便自己覺得不對勁，假如沒在中途確認溝通的前提，就會使衝突越演越烈。

❷根本價值觀不一致

原則或主張過於不同的組織之間，如果不站在對方的立場去思考，就會搞不懂對方在想什麼。因為大前提不同，像「活動目的」、「活動內容」、「協助」、「宣傳」等詞彙所代表的內容很容易出現頗大的落差。以「協助」一詞為例，其中一方認為是「一起做事，雙方為對等的關係，公平地互相做出貢獻」，另一方卻認為是「大部分都是由請託的那一方去做，受託的那一方則在請託範圍內提供最低限度的幫助」。

❸資訊並未在對方公司內部流通

組織內部資訊不流通的話，就常會發生這種問題。就算經營高層爽快答應，也最好別以「事情正積極地進行」、「最起碼大家都知道了」為前提進行談話。因為資訊完全沒流通的情況反而經常發生，才會導致雙方雞同鴨講。

❹資訊在自家公司內部產生出入

其實自己聽到的內容有誤也是經常發生的狀況。如果沒聽過對方怎麼說，就不會知道真正的情況。資訊並未在公司內部正確地流通，只傳遞片段的資訊，或是獨獨漏掉最重要的先決條件都是很常見的情況。公司裡的不滿分子企圖搞砸事情也是很常發生的情況。

如果是上述的狀況，不妨完全站在對方的立場，「親身」去感受。由我們先讓步，找出對方的想法基礎。因為其中或許有什麼問題，此外也可能是我們有過失。總之像這樣重新組織想法，想一想如何才能找出一致之處、如何才能產生共鳴，然後再重新出發。

「就是因為這樣才會這樣吧」、「如果這樣，就會那樣吧」**這種推理能力，我認為每個人都具備，而且結論還相當正確。**

不過要是牽扯上原則或主張、價值觀、利害關係、過去的爭執等等，就很容易與對方產生誤會。如果能設身處地去思考，我們便會嘗試去思索意見不一致的原因，最後就會比較容易瞭解對方、產生共鳴。重要的是，要有「溝通並不是要拚輸贏」、「只要說清楚，就能找出「一致之處」這種觀念。

貼近對方的心情

除了共鳴之外，我認為「貼近對方的心情」這種感覺、心態也很重要。產生共鳴固然是很要緊、很棒的事，不過**我們還要更進一步瞭解對方的心情，也就是所謂的「貼近對方的心情」**。

以下就來看看幾個例子。

提案對象的其中一名成員聯絡自己時

無論多忙都要立刻抽出時間，透過LINE電話之類的方式聽聽對方想說什麼，這樣就能「貼近對方的心情」。這種時候，對方是相當猶豫、思前想後才聯絡我們的，所以就算隔天得完成某件工作，仍要把聯絡對方這件事擺第一。

覺得彼此實在話不投機時

不要覺得「沒辦法跟這個人談」、「這個人真討厭」，而是先積極正面地思考「奇怪，這是怎麼回事呢」、「自己實在搞不懂，不如先好好聽他說吧」，我認為這正是「貼近對方的心情」所付出的努力吧。雖然能否貼近對方的心情得視狀況而定，無論如何都別想都沒想就立刻產生反感，這點很重要。

發表不同的意見後，對方以更強硬的態度反駁時

不要生氣，而是思考「這個人為什麼不聽別人的意見，單方面堅持己見呢？一定有什麼原因才對。他有什麼樣的心理創傷呢？」，先保持聆聽的態度，應該也是很有效的做法。當你專心聆聽，而對方也冷靜下來後，就能稍微貼近對方的心情了。

只要能貼近對方的心情，就能期待對方受傷的心靈獲得不小的恢復，並改善雙方的關係。對方帶給自己的壓力或不講理的態度也會減輕，自己則能更加瞭解對方，找到對方能夠同意的方向。

努力消除自我中心的想法

如果抱持自我中心的看法，那麼自己應該想都沒想過要貼近對方的心情吧。說不定看完前面的例子後依然不明白這麼做的意義。每個人或多或少都有自我中心的一面。這是無法避免，卻也無法自豪的事，因此建議平常就要努力消除自我中心的想法。

具體來說，個人推薦以下六種方法。

❶藉由閱讀，得知各種不同的想法

自我中心的想法有時只是任性，不過大部分都是因為不曉得他人的看法，導致視野狹隘。明明不覺得自己很自我中心，但又覺得自己與他人的想法有落差，通常可能就是這種情況。要解決這個問題，無論如何都要靠閱讀。想要知道各種立場的人有各種不同的想法，閱讀是最簡單的方法。無論是閱讀小說還是非虛構作品，只要是有興趣的領域都可以。

❷總是站在對方的立場思考、想像、行動

應該也有許多人完全不認為自己的行為很自我中心，但周遭的人卻這樣評論自己，因而感到沮喪。雖然當事人也有問題，不過這可能是之前的上司或前輩，對當事人客氣與縱容所造成的結果。如果以頂嘴來回應他人的指教，導致對方覺得你是個麻煩的人物，以後就沒人會提醒你了。

❸請同事或家人，在自己做出自我中心的言行時予以提醒

假如你知道自己會出現自我中心的言行，卻怎麼也停止不了，不妨拜託同事或家人當場提醒自己。不過，當他們提醒你的時候，只要你的表情有一丁點不高興，他們馬上就會放棄不再提醒你，所以一定要忍住。

自我中心的人也許非常缺乏耐性，但不改進的話對自己一點好處也沒有，有自覺的人或許可以趁這個機會挑戰看看。有些人可能會覺得「沒辦法啦，要是做得到就不會煩惱了」，但繼續縱容自己也不太好。

假如你覺得自己真的沒辦法做到，也可以找四、五名言行明顯以自我為中心的同伴，彼此互相提醒。雖然有可能會覺得火大，不過我們很容易找出他人的缺點，所以能獲得許多發現。

❹試著從多個面向寫A4筆記，檢查言行是否自我中心

要站在對方的立場思考、想像沒那麼簡單。因為做的事跟自己平常的行徑不同，我們很難保持這種觀點。因此，我想推薦大家寫A4筆記這個方法。試著從多個面向寫A4筆記，就能清楚檢視自己的言行是否自我中心。這裡說的多個面向，是指從各種角度觀察。

例如以下的觀點：

．什麼時候自己會以自我為中心？
．什麼時候別人會批評自己很自我中心？
．被人批評很自我中心有什麼壞處？
．不自我中心的人都採取怎樣的言行？
．不自我中心的人是如何維持這種態度的？
．剛才的行為是否很自我中心？
．做出自我中心的行為後有什麼感覺？
．用不著做出自我中心的行為時有什麼感覺？
．自己認為的「自我中心」是什麼樣的狀態？
．自己是何時變得自我中心的？

一口氣寫十到二十頁，就能獲得許多發現。

❺針對自我中心的人與不自我中心的人書寫見解筆記，然後與他人互相說明（所需時間為十分鐘）

找同事或朋友，一起針對彼此都認識的自我中心者，花三分鐘寫見解筆記，然後花兩分鐘互相說明。接著也針對彼此都認識的非自我中心者書寫見解筆記並互相說明。總共花十分鐘就能獲得許多發現（參考圖4）。

❻拜託兩名同事跟自己一起進行角色扮演（所需時間為十五分鐘）

分成自我中心的自己、不自我中心的同事、觀察者這三個角色，進行角色扮演。角色扮演進行三分鐘，結束之後，花兩分鐘回饋意見。回饋先由觀察者發表意見，接著是扮演同事的人，最後是扮演自己的人，一輪共花五分鐘。

之後以順時針方向交換角色，總共進行三輪，只要花十五分鐘就能體驗三種角色，因此能獲得許多發現。

自我中心對我們沒有好處，不過只要肯努力一定可以改善。如此一來，無論在工作上還是私生活，壓力與不愉快的心情都會減輕，事物也能進展順利。

圖 4a　自我中心的人（　　　　　先生／小姐）

1. 他／她的哪一點很自我中心？

—

—

—

—

2. 他／她爲什麼那麼自我中心？

—

—

—

—

3. 大家會因爲他／她的自我中心，遭遇什麼麻煩？

—

—

—

—

4. 爲什麼他／她不覺得自己很自我中心？

—

—

—

—

圖 4b　完全不自我中心的人（　　　先生／小姐）

1. 他／她爲什麼不會以自我爲中心？

—

—

—

—

2. 難道他／她不想以自己的利益、自己的方便爲優先嗎？

—

—

—

—

3. 難道他／她不會討厭以他人的利益、他人的方便爲優先嗎？

—

—

—

—

4. 是怎樣的出身、成長過程、環境造就出這樣的他／她？

—

—

—

—

要讓對方贊同，而不是說服對方

當我們太想讓事物有所進展時，往往會想說服對方。不過，「說服」這個詞，給人「辯倒對方使他無法反駁」、「哄騙」的印象。

相較之下，**如果能讓對方贊同，事情會進展得更積極**。「贊同」給人的印象，則是打動對方的心，依照對方的步調讓他清楚掌握狀況，從而理解接納。我也都會提醒自己，不要說服對方，要讓對方贊同。雖然不是件易事，但這麼做會進展得比較順利。

當然，贊同也有程度之分，例如「從狀況來看，應該可以贊同吧」程度就比較低，若是「打從心底贊同，一定要做」程度就很高。

如何讓對方贊同？

話雖如此，表達我們的主張時，要怎麼做才能不靠說服讓對方贊同呢？

首先，**仔細聆聽對方的真心話**。由於無法好好表達意見的人，以及對於發表意見有所猶豫的人不在少數，因此這時要藉由積極聆聽，充分掌握對方的想法。不是邊聽邊想像，或是邊聽邊思考自己要說什麼，而是認真、誠心誠意地洗耳恭聽。對方感覺得到我們是否認真在聽，只做表面工夫的話對方一定會發現。

接著，參考剛才從對方口中得知的心情與情況，想一想自己本來要說的內容能夠如何修正。如果邊聽邊想，很容易心不在焉，所以聆聽時要先專心聽，等自己大致掌握狀況後，再開始動腦思考。如果事先針對對方的反應設想幾種情節，準備好問答劇本，到時候就不會慌張了。

修正好後，才把我們要表達的事、想拜託的事說出來，並且要小心別帶給對方壓迫感。由於對方早有戒心，此時要謹慎留意。如果認為自己才是正義的一方，不僅會流露出批判的語氣，還很容易情緒化，所以絕對要注意喔！對方大多很敏感，態度或語氣的細微差異對方全都會察覺，千萬不要以為掩藏得住。

當我們說明完後，對方有可能會辯解或反駁。**此時要盡量多認同對方說詞中的細節，讓對方安心。**

例如以下的說法：

「原來如此，這點就跟您說的一樣呢。」

「關於這點的意思我們也非常清楚。我們同意您的看法。」

「我已經明白您指出的問題了。就採用變更案吧。」

認同許多細節，能讓對方的態度變得積極。一邊藉由這種方式安撫對方，一邊設法讓事情大致按照我們的劇本發展，獲得對方的同意。

假如對方是個能溝通的人，只要經過幾次這種互動，就能找到適當的底線讓對方接受。我們的提案中不妥的部分、片面的部分也會經過適度修正，變成對雙方都好的最佳方案。

遇到無法跟自己溝通的人時該怎麼辦？

對於就算努力與對方產生共鳴或使對方贊同，自己依舊覺得無法溝通的人物，該怎麼辦才好呢？

原則上，**盡量不要與感覺無法溝通的人接觸或交涉比較好**。就算當下對方好不容易同意，事後也很容易發生麻煩事，例如舊事重提、稱自己受騙上當、推翻承諾說「還是恢復成原本的條件吧」等等。總之盡量不要接觸「不講理的人」、「無法溝通的人」、

「無法正常對話的人」、「會突然暴怒的人」，這是鐵則。

如果一開始就知道對方是這種人，即使對方有其他的魅力之處，也不該跟他一起推動事物。要不然，之後一定會因發生糾紛而後悔。

問題是已跟對方接觸，在開會期間發現這件事的情況。對方有可能因為我們說明得不好而生氣，這種時候就趕快道歉。為了避免這種情況，當氣氛變得不妙時，當然就要專心地積極聆聽，找出原因並設法解決。

如果連要積極聆聽都有困難，那就以條件不合為由，趕快打道回府。因為見了不該見的人，此時最優先的事就是逃離現場。不過，要是對方覺得我們的提案很有吸引力，或是被對方發現可乘之隙就麻煩了。

這種時候，對方會東扯西扯設法把我們留下來。另外，對方因為我們不繼續談而暴怒，要求我們負起責任或賠償也是很常見的情況。

如果對方生氣了，我們只能不斷道歉，什麼都別承諾趕緊逃回來。假如沒辦法脫身，有時也只能花小錢消災。

就算情況沒那麼糟，假如雙方沒辦法好好討論，那就只好蒐集能應戰的武器，並全力以赴了。雖然最後只能聽其自然，但不管結果怎樣都別太在意。畢竟有對方這個變數，沒辦法每次都盡如人意。這種心情的轉換很重要。

一邊談一邊增加盟友

如果能在溝通的同時，拉攏對方跟自己站在同一陣線，就能提高順利談妥事情的可能性。

如果是一對一溝通，能否成為盟友視對方而定

如果是一對一溝通，就無法輕易拉攏認為「自己是最後堡壘」的交涉當事人，將他變成盟友。因為對方大多一開始就是抱持「要是乖乖同意就輸了」、「必須在條件交涉上贏過對方」的念頭。這種時候，要在一開始盡可能問出對方的價值觀、先決條件、限制條件、同意的底線等等，然後擬定對策。由於必須專心認真地聽對方說話，同時還得

思考對策，因此執行起來相當累人。

雖說「要在一開始盡可能問出來」，但很多時候連打聽都有困難。這是因為對方態度強硬，不願意說出真心話。準備之所以重要，原因就出在這裡。假如準備不足，或許就需要趕緊請某個對對方而言很重要的人物幫忙介紹，或是幫我們說句話。

即便是原以為態度很強硬的對象，只要聆聽時別露出不情願的表情，**一直保持真摯的態度，就有機會看到希望的光芒。**光芒也有可能一眨眼就消失，所以要細心留意等待機會。

看到光芒後，接著悄悄地將手伸進門縫，輕柔地打開那扇門。由於之前態度很強硬，對方當下大多會有點尷尬或不好意思。此時千萬不要擺出「你看吧」的態度，要繼續以真摯態度面對對方。如此一來，對方願意成為盟友的可能性就會一下子升高。假如是態度沒那麼強硬，認為「條件好的話就答應」的對象，那就比前者容易多了。只要一開始先聆聽對方說話，掌握對方的價值觀、先決條件、限制條件、同意的底線等等，溝通就能比較順利地進行。

當然，要是輕率地提出我們當初的主張，對方的態度也隨時都有可能突然改變，千萬不能大意。

如果是一對多溝通，就找出能成為盟友的人

如果是一對多溝通，就算交涉當事人有些頑固，對方的組織內部也一定會有能成為盟友的人。因為只要我們的提案夠合理，通常對方心裡都會想同意提案。

要找出能成為盟友的人，其實並沒那麼困難。參加會議進行提案或交涉時，**一定有幾個人在聽完我們的說明後點頭。這些人通常就能成為我們的盟友。**他們一定會在有意無意之間點頭。如果提案是可以接受的，就算中心人物沒點頭，他的周圍也必定會出現贊同我們的人。

此時對方是故意點頭，還是不自覺點頭，兩者有很大的差別。故意點頭的人，大多認為高層或上司的想法不是很好，希望他們能更認真一點。因為自己不敢說出口，或者以前說過但沒被理會，才會在外部提出適當的提案時，透過肢體語言發送「沒錯！」、

「就是說啊！」、「快點說服高層吧！」這類訊息。而傳達這類訊息的信號就是「點頭」。

不過有些時候，當下的狀況不允許他們點頭，例如有的公司只是點頭就會被高層盯上。如果是這種情況，他們就會用眼神表達。一般而言我們鮮少會與對方四目相接，不過這時他們會目不轉睛地看著我們的眼睛，感覺就像是拚了命地發送訊息。

只要觀察這種反應，就會知道該組織內部對高層有什麼看法，以及誰能成為積極支持我方提案的盟友。要注意的是，我們也得小心別讓高層看出，自己與那個人透過眼神交流心領神會。這點體貼與顧忌是不可或缺的。當然，我們也要視情況判斷，是否該跟這麼嚴格、死板的公司合作。

不自覺點頭的人，他的動作會更自然一點。這種人並無特別想跟高層要求或抗議的念頭，單純只是因覺得「他們說得對呢」而點頭。如果是比較開放的公司也會出現這樣的人。

我們能從交涉當事人、故意點頭的人、不自覺點頭的人的人數與態度，以及整體的氣氛與期待程度得知各種資訊。例如：對方的組織如何看待我們的提案、同意之後會交涉條件嗎、兩者的想法是否有根本上的落差，或者交涉當事人反而是組織內部不合群的那個人嗎……等等。

運用名片

這個時候，一開始交換的名片能夠派上用場。我們先將名片排好，讓自己能夠知道誰坐在哪個位置。如果對方有自我介紹，就直接將重點寫在名片上。說明一遍提案內容後，看著名片點幾名與會者，請他們發表意見。**此時以剛剛點頭的人為主，按照地位高低依序詢問。**先找出點頭的人之所以重要，是因為這個時候能發揮很大的幫助。這樣一來，就能得知哪個人持贊成意見、哪個人是有條件贊成、哪個人想觀望。

如果多數人都贊成，聽完點頭者的意見後我們的盟友就會一口氣增加。這是因為，不清楚提案好壞而保留意見的人，以及打算觀察現場氣氛再做決定的人並不少。要是輕率地提問，結果陸續出現負面意見的話可就自掘墳墓了，因此這個方法最好只在你判斷

「太好了，再加把勁就成功了」時使用。

準備的資料，不拿出來也沒關係

要提案或說明、解釋什麼時，應該大多會使用PowerPoint之類的軟體製作幾頁資料。這樣一來，就能將背景、我們的主張與根據、我們與對方之間的鴻溝、填補鴻溝的方案等等整理清楚。

要在自己的組織內部形成共識，同樣需要幾頁的總整理資料。要不然，別說是對方，就連自己人都有可能變成阻礙，或是在背後捅你一刀。

「我不是這個意思」、「我的認知不是這樣」、「你們有聽說過這種事嗎？」之類的負面言論隨時都有可能發生。就連在我們說明完資料，對方也回答「這樣就好」表示同意的情況下，對方都有可能滿不在乎地說出這種話，如果沒拿出資料，對方更有可能說出過分好幾倍的話。

屆時後悔也來不及了，所以要先準備好資料再徵求對方同意。

不過，交涉的時候是否真會用到這份資料就另當別論了。

雖然也要視內容而定，不過當對方有可能大致同意時就使用資料來說明。一開始就使用資料依序說明應該也沒問題。

如果是更難判斷的時候，或是無法預測對方會採取何種態度的時候，與其輕率地拿出資料給對方留下壞印象，先口頭說明，觀察對方的反應後再繼續討論會更安全。由於手邊有做好的資料，我們用不著擔心。不過，進行溝通時先別拿出來給對方看。

假如結果跟預期一樣順利地談妥，就在最後告知「這份資料彙整了今日討論的內容」，將資料交給對方，或在會議結束後將這份資料送過去。畢竟是專程製作的資料，而且內容若是適當，書面資料給人的印象會更好。此外，要在對方的組織內部順利推動事物，通常也需要資料。

資料要事先準備好，但是否要在說明期間交給對方，則視情況而定。一直看著對方的眼睛說話反而更有效的情況也很常見。

運用白板

如果對方有三個人以上，使用白板整理討論內容，可使會議進行得更順利、更簡單易懂。

寬一點八公尺的白板比較好用。之前我輔導過許多企業實施經營管理改革，經常得一邊揣摩對方的意向一邊推動事物。

此時的武器就是白板。若要引出經營者的想法，並請所有與會者針對經營者的想法發表意見，然後暢快地總結，白板能發揮驚人的效果。

開會時，討論容易離題

開會時的問題點之一，就是有些主題或狀況容易離題。大家往往講完自己想說的就結束會議。雖然花了時間討論，實際上卻沒做出任何決定，不知道哪個人該做什麼事，該在何時之前執行。以為已經決定好了，實際上卻有遺漏的情況也很常見。

另外，未釐清論點的分歧，持續進行沒有交集的討論也是常有的情況。還有一種常見的情況是，雖然做出結論，但仍沒有解決本質問題。

除此之外，雙方領導者自認為開了一場好會議，但團隊成員卻還搞不清楚狀況，以及資訊看似已分享、方針看似已提出，實際上卻沒這回事等情況也都時常發生。

白板其實能做有效運用

要避免前述的問題，使用白板是有效的做法。大多數的會議室都會放置白板。我們不必使用具備列印功能的白板，寫完之後只要分享圖像就行了。

不過，就算要寫白板，很多時候我們沒辦法完全理解發言內容，或是不明白對方其實想說什麼。雖然很努力站在白板前面，頭腦卻一片空白，不知道要做什麼事、不知道該如何進行……有這種經驗的人應該也不少吧。

就算想讓討論集中在主題上以免離題，大家也不太願意配合。最後往往陷入各講各的，完全提不出結論的狀況。面臨這種情況時，請參考接下來要說明的白板有效用法。

白板的有效用法

等個幾秒再將各自的發言內容寫在白板上

首先，向對方仔細說明我們的提案。要不要使用準備好的資料視情況而定。對方提出的問題也全都要回答。

接著，到了討論的時候，盡量忠實地將各自的發言內容寫在白板上。不過像「那個……」、「呃～」、「啦」、「吧」這類語助詞就可以省略不寫。

此時的重點是，**不要等某個人說完之後才寫，要在對方開口幾秒後動筆**，否則會跟不上對方的語速。乍看好像不簡單，其實熟練之後倒也沒那麼困難。

根據經驗，來不及寫完時，告訴對方「對不起，請等我一下」打斷發言，也完全沒有問題。如果要全部聽完再寫，頭腦會記不清楚，這樣反而更麻煩。畢竟大家發言不會言簡意賅，而且又不太擅長說話，所以常會不曉得對方到底想表達什麼。

就算是這種情況，看到自己的發言內容幾乎即時地被人寫下來，發言者也能感到安心。此外，發言者也會針對寫下來的內容進行補充說明。

另外，不少人講起話來拉拉雜雜長篇大論，不過當他們看到發言內容被人簡明扼要地寫在白板上後，就會縮短自己的發言。或許是因為看到想表達的意思已經傳達出去，令他們感到安心吧。

如果發言者仍舊長篇大論，或是開始舉例想要繼續講下去，會議主席當然就該不客氣地制止發言者，而且就我的經驗，打斷發言基本上也不會有問題。一般的會議常因為這種發言而浪費時間，但都沒人敢提醒發言者。反觀運用白板的會議，或許是邊寫邊引導的緣故，會議主席能更好地掌控進行的節奏，這是其中一個好處。

結構要分明

雖然要忠實地寫下討論過程，不過**大項目、中項目、小項目等結構要分明**。絕大多數的人說話都不講究這個部分，所以要邊寫邊確認「剛剛談到的那點，是附屬在這個要點之下（即子要點）對吧」。這樣一來，因為是在眼前整理歸納內容，大家馬上就能理解與接受。

另外，當發言者講的話很難懂時，不要猶豫直接發問，請對方簡潔地重說一次。人家都都意外的樂意重新說明。

如果按照發言順序寫白板，有時寫下的內容會跟本來的順序有出入。因此，我偶爾會①將前次寫的那一行，重新抄在稍微下面的位置，然後②擦掉前次寫的那一行，③將之後的發言內容寫在擦掉的空位上。換言之就是「複製與貼上」。在一場會議當中，我會數度使用這種方法來調整成正確的順序，因為這樣比較容易看懂白板上的內容。

另外，雖然內容結構分明，也利用複製與貼上來調整順序，假如文字很難辨識或者有寫錯的地方也要盡可能重寫。這樣一來討論就不會陷入混亂，能進行得非常順利，會議紀錄也會比較好閱讀。

使用白板有效引導會議的方法

使用白板開會時，要指著發言內容，向發言者確認他想表達的東西是否都寫出來了。這麼做能令發言者相當滿足。我想可能是因為，發言者看到自己的發言內容被人寫在白板上了，而且對方的態度還是前所未有的仔細慎重。

當討論越來越熱烈後，就會有人在你尚未寫完前一個人的意見時說話，這時要委婉地制止對方，請他等你寫完並且確認完畢。等你寫完並確認完畢後，再請那個人開始發表意見，這樣就不會有問題。如果有人開始長篇大論，就先聽一會兒，然後不用客氣插嘴說：「不好意思。關於您指出的部分，請問我這邊要怎麼寫重點才好呢？」請對方簡潔地說明。

打斷別人說話本來是很失禮的行為，但若是使用白板的話就比較不會得罪人。或許是因為，自己想表達的內容已簡明扼要地寫在白板上了。畢竟絕大多數的人都覺得很困擾，遇到這種情況就別在意是否失禮，適時地插嘴打斷對方。

當意見分成對立的兩派時，就將兩派的意見一併寫下來，使雙方能夠暫時接受。先將A方案與B方案直向並列在白板右邊的空位，然後在右邊寫出內容與特點。接著，訂出四到五個用來比較兩種方案的評估標準（對社會的貢獻、對自家公司的好處、執行容易度、實施風險等），然後進行評估。

先按照各個評估標準打分數，再以總分決定採用哪項方案。給分標準如下：

5：非常高

4：高

3：中等

2：低

1：非常低

雖然做法很簡單，不過這個方法最適合用來比較方案。先訂出評估標準，並設定給分標準再進行評估，就能大幅減少事後又再拿出來討論的情況。現場吵鬧時同樣不必客氣，以略大的聲音提醒大家注意音量。這絕對不是失禮的行為，而是會議主席在控場時必須做的重要工作。

假如沒選出會議主席，或者公司並無由會議主席控場的文化，這是很可惜的事，希望各位能以此為機會改變做法。運用了白板的會議，進行方式不同於傳統的會議，會議主席可強勢控制場面。這種時候，**親自寫白板是很重要的關鍵**。

不要派下屬或其他人去寫，要親自站在白板旁邊，引導、主持會議。這是發揮領導能力的絕佳機會，最好不要拱手讓給別人，況且這件事難度其實很高，就算交給地位比自己低的人，他也沒辦法做好。

開會的時候，我都坐在最靠近白板的位置。因為在開始討論時、討論開始變得錯綜複雜時等情況，我大多會站在白板旁邊整理、引導會議。

另外，寫好的板書也能當作會議紀錄。寫的時候要留意字體大小、易讀性等等，以便印出來時能夠看得清楚。字高四到五公分的話，不僅能夠記錄相當多的討論內容，印出來時字也不會太小。基本上使用黑筆書寫，該注意的地方就畫紅線，或是用紅筆書寫。

順帶一提，寬一百八十公分的白板比較好用，假如可以拜託對方準備就事先告知。使用這種尺寸的白板，可將討論內容寫得清楚易懂，例如左邊寫「現狀的問題點」，右邊寫「今後的措施」。

白板筆其實很重要，如果寫起來不流暢，或是顏色太淡看不清楚都會扯自己後腿，所以我大多都是自己帶白板筆參加會議。我準備的是黑色與紅色這兩種顏色的可填充式白板筆（例如：「百樂可換卡水白板筆（中字圓頭）」），以免寫到一半沒水。有些時候還會攜帶補充用的卡式墨水。身為專業人士，這種細節也要講究才行。白板的下半部分，坐著椅子寫可以寫得又快又好。如果選用底下有輪子可隨意左右移動的椅子，絕對會方便許多。我同樣很重視這個部分，能拜託對方準備的話就會事先告知。

用在英語會議上也很有效

如果是英語會議，白板就能發揮更大的作用。因為無論是不是英語母語者，大家都有一再陳述主張的傾向，幾乎不講話的大概只有日本人吧。

有時就算已經講過了，大家也不在意，繼續說個沒完。之所以會發生這種情況，是因為英語會議基本上都會尊重每個人的發言。於是，每次開會總要花費過多的時間。

就連在麥肯錫的內部會議，這種引導專家齊聚一堂的場合，外國人寫在白板上的字通常都非常潦草、難以辨識，而且鮮少會整理之後再寫。

另外，寫了又擦掉、寫了又擦掉的情況也很常見。由於實在沒辦法拿板書當作會議紀錄，經常要另外找人寫簡明扼要的會議紀錄，但這樣一來就只有文字敘述而已。因此，如果採用前述的進行方式，就算不是英語母語者，要主持會議也非常容易。

白板運用練習

若要使用白板開會，無論是誰剛開始都會緊張怯場。想寫的東西應該連一半都寫不完。練習是必要且有效的，**因此建議各位與同事、朋友等等，一起實施接下來要介紹的白板運用練習。**

假設我們要對部門裡的十二名成員實施白板運用練習。先在會議室的三個角落各放置一面白板（寬一百八十公分），然後四個人一組，使用白板開會。

三處各派一個人擔任會議主席站在白板前面，引導討論並寫白板。其餘三人將椅子搬到白板前面坐在一起。

三位會議主席，各自在白板左上角寫出會議題目（例如「如何將開會時間減半」），而題目正下方，左邊寫上「問題點與課題」，右邊寫上「解決辦法」並且畫底線。

三組同時展開以「如何將開會時間減半」為議題的會議。在會議主席的引導下，三名成員陸續針對問題點發表意見，至於會議主席則負責寫白板。進行時間為三分鐘，結束後能夠得到許多意見。接著，再請三名成員針對解決辦法發表意見，會議主席則將發言內容寫在白板上。這個環節也是進行三分鐘，總共花六分鐘就能獲得多到驚人的點子。

會議主席要聽成員發表意見，等個幾秒後就開始動筆。要不然會來不及寫，而且發言也會受到限制。六分鐘後，現場所有人聚集到其中一面白板的周圍，請這組的會議主席與一名參加者發表感想與發現。此時會聽到諸如「要將發言內容忠實地寫在白板上很不容易」、「跟不上說話速度」、「沒想到寫了好多」、「因為會議主席把發言內容寫下來，感覺得到對方有認真在聽」之類的感想。

接著，所有人移動到下一面白板，同樣請兩個人發表感想與發現，之後所有人再移動到第三面白板，同樣請人分享感想與發現。

一處花兩分鐘分享感想與發現，三組共花六分鐘，眾人在這麼短的時間內獲得了許多發現。

之後，所有人回到原本的三個位置，換人當主席進行第二輪練習。之後的過程跟第一輪一樣，結束後就換人當主席，實施完第四輪便結束練習。

假如每一輪的題目都不同，就能得知哪種題目比較好討論、哪種題目比較不好討論，從中學到更多東西。

例如以下的題目：

第一輪：「如何將開會時間減半」

第二輪：「如何將文件減少至三分之一」

第三輪：「如何讓工作速度加倍」

第四輪：「如何打破公司部門的藩籬」

每一輪花六分鐘討論，再花六分鐘分享感想與發現，總計十二分鐘，只要實施四輪練習，不用一個小時就能大幅提升運用白板的技能。由於十二名成員都能當一次會議主席、當三次團隊成員，經過四輪練習後可以得到許多知識與見解。雖然會議主席只當一次而已，不過自己能看到三次其他人當會議主席的情況，而且還會被人要求盡情發言，於是自己就會逐漸習慣運用白板的會議了。

只要在一週後與兩週後各花一個小時，變換小組成員，針對總計八種不同的題目實施白板運用練習，就能累積相當多的經驗。

線上會議該如何運作？

為什麼線上會議的難度比面對面會議還高？

在新冠病毒疫情的影響下，遠距工作已成為常態。透過Zoom或Teams等軟體舉行線上會議的做法，未來應該也會再持續很長一段時間（像我本身每天要開五到六次線上會議）。因此，**如何應付難度比面對面會議還高的線上會議**，成了一件很重要的事。

線上會議之所以難度很高，原因五花八門，例如：

①不易看到對方的模樣

②很難看著對方的眼睛說話。畫面與攝影機的位置差距很大

③聲音通常很難聽清楚。麥克風偶爾會收音異常

④無法觀察對方的節奏，發言常會重疊。必須留神注意
⑤很難判斷對方何時說完而造成空檔（無法立即接著發言）
⑥經常發生聲音延遲的狀況
⑦影像與聲音經常不同步
⑧常有來自周遭的聲響干擾，讓人聽不清楚
⑨要分享畫面很費事且花時間
⑩很難立即將討論內容寫在白板之類的地方與大家分享
⑪無法運用肢體語言，只能以言語表達自己的想法與認真程度
⑫因為多數人都不習慣，自己與對方都很緊張
⑬難以專注在談話上。自己只能盯著螢幕，所以容易疲勞
⑭如果是跟自己沒什麼關係的話題，很容易會分心做別的事情
⑮會議結束後無法聚在一起聊個天

由於這些情況尚未獲得根本的解決，因此開會時需要適當地因應與調整。

不把這種事當成問題的人似乎還不少，然而會議品質一定會變差，難度也會大幅升高。如果你想竭盡全力推動事物，最好要注意這點。

到餐廳用餐時，如果盤子上有汙垢，或者葡萄酒杯不乾淨，我們會把這家餐廳列入黑名單，而上述狀況或許可以說是類似這個例子的問題。

提升線上會議的品質

關於線上會議，個人建議至少要做到以下七點。

❶盡量選在沒有雜音的獨立房間內進行

如果在辦公室角落或咖啡廳之類的地方開會，會受到他人的說話聲或音樂干擾而聽不清楚。雖然自己的注意力放在耳機上，所以不太會在意，但待在安靜房間裡的其他與會者通常會覺得很吵。另一個問題是，就算自己很認真，仍會給人像是在玩樂、很隨便的印象。

❷慢慢說，說清楚

面對面時能夠聽清楚的說話方式，到了線上就會變得很難聽清楚。發音咬字最好要比面對面時再清晰一點。

❸以強度固定且較大的聲音說話

如果是在同一個房間裡，我們有辦法正常地小聲攀談，或是大聲強調。反觀線上會議，則可能因為音量設定的關係，使人聽不到重要部分，或是音量大到嚇人一跳，所以聲音最好保持固定的強度。

❹盡量看著攝影機說話

要不然，雙方的目光就不會交集，因而欠缺說服力。在徵求同意時、提出請求時、工作上要求改善時、績效回饋面談時等場合，都要認真看著對方的眼睛才能心意相通。一般人為了投入情緒，都會想要看著畫面上對方的眼睛說話，但這麼做的話，從對方的角度來看，我們的眼睛卻是看著別的方向。因此，這時要忍住別看對方的眼睛，盡量看著攝影機說話。

❺可以的話，在螢幕旁邊放盞燈

要不然，畫面大多會顯得昏暗，臉色看起來很不健康。如果是面對面會議就不必擔心，但開線上會議的話就要特別注意這點喔！

❻要刻意呼喚對方、呼叫名字

線上會議很難集中精神，因此要開一場充實、有效益的會議應該不容易。就算是面對面會議，呼叫對方的名字一樣有效，對線上會議而言重要程度更是前者的好幾倍。

❼特意抽時間確認論點的分歧

線上會議很難在清楚認知到意見分歧的情況下進行討論，此外也很難把分歧視為分歧，或是認知到分歧後逐漸弭平意見的差異。雖然做起來有點費事，仍必須特意撥出時間，努力弭平意見的差異。

線上會議當然也有優點，因此希望各位能夠善加運用。畢竟，無論時間多早或多晚，要開會都很方便。此外，就算人在國外或國內交通時間長的地方，也能夠直接交談，輕鬆不費事。不過，**我們必須將優點與缺點放在天秤上比較再做判斷，假如是在沒問題的狀況下，重要會議就該面對面進行。**

理解與執行檢查表

□帶著誠意仔細回答對方想知道的事

□不能用問題回答問題。不要不懂裝懂。千萬不要辯倒對方

□要讓對方贊同，而不是說服對方。要與對方產生共鳴，而不是駁倒對方

□要貼近對方的心情。因此，應盡量消除自我中心的看法

□盡量使用白板，並學習當會議主席的技巧

推薦的A4筆記標題範例

・該怎麼做才能平心靜氣地聆聽對方說話？

・要怎麼做，今後才不會再不懂裝懂？

・要怎麼做才能立即回答問題？

・要怎麼做才能盡量避免自我中心的言行？

・要怎麼做才能夠運用白板有效主持會議？

Communication for Action

第 4 章

「收尾」動用所有手段進行追蹤

chapter 4

Follow-up is Everything

就是因為沒追蹤（跟進），才會不展開行動

「收尾」是指，**「動用各種手段盡最大的努力，一直追蹤（跟進）到得手為止」**、「不過，行不通時就別太勉強，先適當妥協，建立良好關係，等待下一個機會」。即便做了事前準備，並且好好運作溝通讓對方願意同意，之後仍需要持續追蹤到實現為止。要不然，辛苦付出的努力就會化為泡影。

奉勸各位要有這種觀念：事物不會自動進行。如果神明發現我們期待事物自動進行，就會讓它停止以責罰我們。總之，要進行一件事沒那麼容易。追蹤有幾種方法可以使用。

有效的追蹤方法

❶對方同意後隨即發送確認信

對方同意後，無論在何種情況下都要立即發送確認信，這點很重要。最晚也得在兩個小時內發送。由於對方相當在乎會議後的確認信，因此如果一直沒寄出這封郵件，我們的認真程度十分有可能會遭到質疑。本來打算寄出卻不小心忘記的話，後果可就不堪設想了。如果有介紹者，事後也要立刻發送郵件向介紹者道謝。絕對要避免交涉對象先聯絡我們的情況。

❷對方同意後，過了幾天再發送確認信

不過在某些情況下，當天寄信給對方反而會讓人覺得我們太過急躁。例如營業味過濃時，或者乘勝追擊的感覺太過強烈時。這種時候，就要在對方同意後，刻意等個幾天再發送感謝信。

❸對方同意後，聯絡對方的下屬或成員確認進展狀況

無論何種情況都需要這麼做。因為就算是百分之百同意，對方的組織也不太可能順利展開行動。如果沒有相當大的推力，對方是不會行動的，為了掌握實質的負責人是誰，也為了研究、磨合使人行動的方法，我們需要確認進展狀況。

❹對方同意後，先由我們向對方必須動用的幾名外部人士說明

對方同意之後，也常需要聯絡幾名外部人士請求協助，或是與外部人士合作獲得支援。此時如果由我們先跟這些外部人士聯絡溝通，事情大多能進行得很順利，所以要盡量先向他們說明狀況。這樣一來，對方也能感受到我們的認真與真誠。

❺對方同意後，向對方組織的部門領袖或全體成員舉行說明會

就算高層同意了，仍需要加深對方組織的部門領袖或全體成員的瞭解。不由高層進行這種溝通，而是由我們提議向對方組織的部門領袖或成員舉行說明會，敦促對方調整日程，早點實施的話效果更好。這種事要先排除高層出差之類的時間，然後相當積極地協調經營幹部的時間才有辦法實施。如果不積極敦促對方行動，說明會很難在幾週後實施，往往要拖到三至四個月之後。

❻對方同意後，等個幾週再次開會，推對方一把

就算高層同意了，對方也不會馬上行動。因此，過了幾週後要再次開會，推對方一把。雖然聽起來就像在照顧不聽話的孩子，不過的確就是如此。我們要不厭其煩、堅持不懈地推著對方的背。實施想得到的所有追蹤，不斷在後面推著對方直到實現為止。

能否實現取決於自己

或許有人會疑惑，為什麼必須做到這種地步。你是否認為，既然同意了，對方就得自行做到一定程度，否則就不會前進呢？

如果有這種想法，應該是因為你對組織如何展開行動這點不夠瞭解。此外也可能是因為，無論如何都要推動事物的心情沒那麼強烈。

要改變對方的態度與行為是很困難的，這麼想比較安全。鮮少有人認為只要講個話，事物就會動起來，而且這種想法也太天真了。就拿各位的公司或各位認識的公司來說，即便總經理發號施令，董事、部門經理、課長、員工也不太會展開行動對吧。除非是總經理的領導能力很強，組織經過鍛鍊的極稀有企業，否則通常都是這種情況。

假如遇到瓶頸，多半不是想不出追蹤到實現為止的方法，而是因為對展開行動的難度缺乏洞察力與理解，再加上熱情不足吧。另一個可能的原因是，雖然知道該做什麼事，心裡卻覺得「知道是知道，但不想做到那種地步」、「好麻煩」。

要化解這種心情，需要我們的熱情。除此之外，就只能理解、洞察「組織不會輕易展開行動」這點了。**能否推動事物，很大一部分是取決於自己。**

打探對方的利害關係促進行動

要使對方行動，事先需要打探清楚利害關係。原因在於，有些時候即便獲得經營高層的同意，也可能因為利害關係導致對方無法展開行動，或是無法驅使其他人行動。比方說，雖然經營高層個人對我們的請求有所共鳴，想要幫助我們，但該公司的某個部門是我們的競爭對手。這樣一來，就算高層想答應，實際上我們的請求仍不太可能實現。不過，即便是這種情況，只要好好打探消息仍有辦法迴避障礙。

舉例來說，假設我們有部分產品正與對方競爭，不過物流採共同配送方式，所以其實沒必要那麼在意，不僅如此合作還有很大的好處，這種情況就有協調的可能性。另外，就算彼此是競爭對手，如果雙方有共同的強敵，就非常有可能攜手合作。只要盡己所能全力以赴，就有辦法提出各種對策，例如只在兩年的期間聯手合作，或是把敵人的敵人變成盟友等等。

打探清楚對方的利害關係，再採取因應對策，這點至關重要。

要打探利害關係，可以使用以下的方法：

①搜尋有關對方的企業、經營者、主要產品、技術等資訊，並以重要關鍵字訂閱Google快訊時時查看相關消息

②也要搜尋對方的前任經營者、顧問的言論等資訊，並運用Google快訊之類的服務進一步瞭解

③認識對方的關鍵人物，定期交流資訊

④認識與對方競爭的企業關鍵人物，適當交流資訊

⑤認識業界的優秀分析師，定期交流資訊

如果是重要的對象、重要的交涉，當然要做到這個地步。無論是進行業務銷售、事業合作、出資、融資還是M&A（合併與收購），所有場合都一樣。

幫對方找盟友

即使對方同意了，許多時候他們其實很沒把握，或是仍有些不安。因此，我們還可以幫對方找盟友，以消除對方的擔憂。

這麼做絕對不是雞婆。因為即便是優秀人士，也有可能不會注意到這種地方，或是有無法預先安排的原因。我們要根據對方所處的狀況臨機應變，例如幫對方找盟友增加優勢、幫忙彙整該發布的願景、代替對方交涉等等。

如果對方感謝我們無微不至的支援，**我們就能從有求於人的立場，轉變成提供協助的立場，雙方的形勢強弱便會顛倒過來。**這件事的意義非常重大，因為立場是很難反轉的。假如對方是可以信賴的人，就不會忘記借助於我們而欠下的人情，一定會報恩。因此有能力的時候，建議盡最大的努力幫助對方。不過，就算對方沒報恩，也要快點忘掉喔！就把這件事當作看破一個人的有益經驗。雙方的關係不是施與受，而是施與施，這樣一來，最後就能得到最棒的回報。

堅持做到底，做到令人不禁想問：「要做到那種程度嗎？」

相信各位都明白了吧。與對方溝通取得同意後，仍要繼續行動，做完想得到的所有事，做到令人不禁想問：「要做到那種程度嗎？」要持續思考，持續採取新的對策。

堅持做到底能產生很大的價值。無論如何都要持續解決各種問題，持續迎戰怎麼處理也處理不完的各種狀況。由於我們無法事先預料到所有情況，能否以這種態度進行、能否持續去做決定了成功機率。因此若可以做到這種程度，不僅能帶來很大的價值，進行各種安排時也會變得很快樂。於是我們就不必勉強自己，也沒有過大的壓力，能以自然的態度悠然自得地前進。

唯一要注意的就是，「不要得意忘形」。就算你覺得自己幫對方做了許多事，也不要擺出挾恩圖報的態度，或是張揚給別人知道。要是做了不必要的事，本來百分之九十九會成功的案子就有可能告吹。任何時候行事都要謹慎細心喔！

不要覺得沒意義，做就對了

即使追蹤到這個程度，有些時候可能還是會感到很沒意義。例如始終得不到結果，或是遭到自己人批評時，就容易有這種感覺。

這分明是對方的責任，為什麼自己連對方的下屬也要照顧……當自己這麼一想時，心裡或許就會萌生「自己到底在做什麼呢？」、「為什麼連這種事都非做不可？」之類的疑問。這種心情我很能體會。不過，**如果回到當初的目的再想一想，應該就不會那麼介意了**。我們是因為有求於人，或是向他人提案，所以要設法讓對方產生意願，努力得到對雙方都好的結果。

這就是最重要的一切。既然如此，我們只能努力去做各種事情，全力以赴。先準備，再運作，然後收尾，沒什麼好奇怪的。

之所以會覺得沒意義，我認為原因反而是「想讓自己看起來高人一等的無謂自尊心」，以及「沒自信的反面表現」這些內心的問題吧。

「想讓自己看起來高人一等的無謂自尊心」，是要讓自己看起來高人一等，否則無法抹滅成了自己心理陰影的丟臉過往。我認為是否丟臉並非絕對，而是自己將它當成丟臉的過往一直放在心裡所造成的結果。其實別人完全不知道這件事。我在國小五年級、國中一年級、二十二歲那年都有過那樣的回憶，所以明白這一點。

至於「沒自信的反面表現」，則是比起現在真正該做的事是什麼，更在乎要做什麼才能讓自己看起來很了不起。就算在乎這種事也完全沒意義，還不如一直朝著目標前進來得有價值。

當然，我們也不是不能拜託別人，分工合作。不過，與對方達成共識後幫忙對方降低協調難度，或是幫忙讓對方的工作夥伴方便展開行動，在推動事物上都是很重要的活動。這些都是很難丟給別人去做的事，所以還是自己去做會比較順利。

製造對方不得不行動的狀況並進行追蹤

如果要使對方展開行動，**製造對方不得不行動的狀況，然後再進行追蹤**是很有效的方法。

道理就跟鬼抓人遊戲一樣，如果能把人追趕到房間角落，就會比較容易抓到對方，對吧？如果空間很寬敞，要抓人就很費力。一直催趕對方使對方不得不行動，或是讓對方覺得只能投入這件事都是很有效的做法。交涉這種事，別想得太過嚴肅，**以玩遊戲的感覺去面對的話壓力比較少，而且也能有效地進行。**以下就來談談，要以玩遊戲的感覺進行交涉時必須注意的五個重點。

帶著玩遊戲的感覺認真進行交涉時的重點

❶雖然要全力以赴，不過也要盡量輕鬆面對

不管怎麼說，輕鬆面對都是最重要的。人一旦緊張，就會沒餘力去思考「啊，對方用這招啊，那我就這麼做吧」，或是「好，我就主動進攻吧，看他會有什麼反應」。我的意思不是要各位偷懶，也不是要大家隨便應付，而是盡己所能全力以赴，但也要放鬆心情去面對，這點很重要。

❷時時思考及尋找，該進攻哪裡、如何進攻才能形成好循環

無論是交涉、玩遊戲還是運動比賽，獲勝的都是創造好循環的那一方。好循環是指，自己的對策接二連三正中紅心，事情進行得越來越順利，狀況也變得越來越好的現象。上一步採取的對策是在布局，如此一來下一步就會更有效果。要一邊觀察大局一邊尋找，該進攻哪裡、如何進攻才能形成好循環。也就是說，不是採取權宜之計，而是要預測形勢走向。

❸盡量先發制人

率先做好某些準備，好讓對方往我們所設想的方向行動。這樣一來，我們就不必慌慌張張地應付問題，能夠從容地進行交涉。

❹抱著死馬當活馬醫的心情試著挑戰幾次

如果每次都打安全牌，本來能贏的交涉也會贏不了。就算有可能行不通，仍要在不影響大局的範圍內挑戰爭取勝利，這點很重要。拿足球來說，比賽時也需要嘗試做出假動作來甩開眼前的對手，或是嘗試利用長傳深入敵營，藉由這些方式努力爭取勝利。

❺結果若是失敗，就轉換心情鼓勵自己：「繼續挑戰下一次吧！」

挑戰也有輸的時候。除非是很致命、無法復原的失敗，否則只要在下次挑戰時挽回就沒問題了。無論何種運動都是一年舉行數十場比賽來決定冠軍，而即便這次的結果不好，仍能立刻振作繼續努力的選手與隊伍才能獲勝。

交涉時記得注意以上五點喔！總而言之，**認真的同時，也要放鬆心情以自然的態度去交涉**。保持自然的態度才會獲勝。

理解與執行檢查表

- □對方同意後，使用各種手段追蹤到實現為止
- □全力探聽對方的利害關係，設法接近相關人士
- □做完想得到的所有事，做到令人不禁想問：「要做到那種程度嗎？」
- □不要覺得沒意義，做就對了
- □製造對方不得不行動的狀況並進行追蹤

推薦的A4筆記標題範例

- 該怎麼做，才會想動用各種手段去追蹤？
- 如何看透對方組織的動向？
- 該怎麼細心地配合對方發送郵件？
- 如何才能深入思考到令人不禁想問：「要做到那種程度嗎？」
- 要持什麼樣的看法才不會感到沒意義
- 如何將對方催趕到不得不行動的狀況

Communication
for
Action

第5章

有自己的想法，才能打動人心

chapter 5

People Resonate to Your Compelling Message

說話一定要有自己的想法

前面幾章談的都是「說話術」，**至於明確地擁有自己的想法，則是「打動人心的說話術」的出發點**。如果明確地擁有自己的想法，即便口才差了一點依然能打動對方。要擁有自己的想法，不可缺少幾種必備的態度。

時時努力保有自己的想法

到了國外後令我吃驚的事情之一，就是無論學歷與年齡高低，大多數的人發言時都有著自己的想法。雖說國外的習慣與文化跟日本不同，但實際耳聞目睹他們言之有物，仍令我欽佩不已，並覺得不能輸給他們。可惜的是，如今的日本似乎瀰漫著「盡量不要自行思考、不要發言比較好。發表意見的話會有很多麻煩」這種氛圍。應該也有不少人覺得，在職場或朋友面前，帶著自己的想法發表意見會很不好意思，因而心生抗拒吧。

不懂的詞彙別置之不顧

要「明確地擁有自己的想法」，另一件很重要的事就是，遇到不懂的詞彙時要立刻上網搜尋及閱讀相關文章。只要養成無論什麼事，只要好奇就立刻上網搜尋並閱讀相關文章的習慣，即可建立自信。因為解決了不懂的東西，心情也會變得舒坦，於是自然就會擁有自己的想法。

舉例來說，像DX（數位轉型）、地球暖化、太陽能發電、EV（電動車）、特斯拉（Tesla）、地方創生、群眾募資、瑜伽、高齡化社會、居家護理、低醣飲食、NiziU……等等，任何領域都可以。只要感到好奇就立刻調查，這樣一來你的世界就會越來越寬廣，好奇心也會越來越旺盛。

當自己有機會接觸不懂的事物時，心情就會很愉快。用不著想得很複雜，幹勁也會不斷湧現。受到刺激後，大腦抽屜裡的知識與經驗就會增加，心裡也會浮現想說的話，於是自然能夠「明確地擁有自己的想法」。關於這部分稍後會再詳細說明。

運用Google快訊

讀完相關文章後，就輪到Google快訊派上用場了。Google快訊是Google提供的免費服務，每天早上會在固定的時間，發送過去二十四小時內含有已訂閱關鍵字的最新文章。運用Google快訊掌握資訊能建立自信，因此有助於我們明確地擁有自己的想法。這個部分稍後也會詳細說明。

透過閱讀讓自己變聰明

要明確地擁有自己的想法，閱讀可說是最重要的方法。閱讀能帶給我們非常多的刺激。簡直就是神奇的魔杖，**只要花一點費用與時間，就能獲得單靠自己是想不出來的、不知道的、想不到的智慧寶藏**。打從小學時期我就很愛看書，所以受惠不少。

在長達十四年的麥肯錫時代，為了跟上大家、為了自我成長、為了向客戶提供更大的價值，我更是拚了命地閱讀。最近則對之前讀不了的某些領域的小說、蒙古與元朝的歷史、文明發展經過與西歐文化問題、演化心理學等等非常感興趣，熱中於閱讀相關書籍。

我對書充滿了濃濃的感謝之情。閱讀不僅是嗜好，亦是人的成長手段，在工作上也是不可或缺的東西。然而，覺得閱讀很困難的人相當多，我認為這是非常可惜的事。

覺得困難的原因不外乎以下幾點吧：

①閱讀速度不快，因此看書會有壓力
②忙碌而抽不出時間看書
③就算看了也看不懂內容
④找不到想看的書

我非常能理解這種心情。

常有人找我諮詢這個問題，但可能因為閱讀是個人行為，大家似乎不打算進行具體的改善。可是，這樣實在很可惜，所以接下來我想跟各位介紹幾個應該能夠改善的辦法。**只要自己不再覺得閱讀很困難，人生就會產生變化**，請各位一定要嘗試看看。

❶提升閱讀速度

只要有心努力，任何人都能將閱讀速度提升好幾倍。大學時期，我都會去數自己一個小時看了幾個字。然後以這個字數為基準拚命趕進度，最後進步到一本約兩百頁的商管書籍，我只要花一個小時多就能看完。個人覺得這個速度不算特別快，不過看書這件事不太會令我感到痛苦。

此時有一點必須注意，那就是看書時別在心裡念出來。如果在心裡默念，閱讀速度就不會加快。覺得閱讀很困難的人所面臨的最大瓶頸，多半就是這點了。要克服這個瓶頸，就必須學會只用眼睛追逐文字便能理解意思。

如果閱讀時會在心裡默念，看到「不再於心裡默念」這段文字時，應該就會在心裡逐字念出「不・再・於・心・裡・默・念」。反之，閱讀時不在心裡默念，只用眼睛追逐文字理解意思，則是一瞬間理解「不再於心裡默念」的意思。做不好的人，也許你早已在專心閱讀某本書時，或是必須趕緊看完某本書時不知不覺就辦到這件事了，請務必珍惜這種經驗。只要不再於心裡默念，閱讀速度就會提升二到五倍。

❷確實保留閱讀時間

姑且不談當作嗜好的閱讀，確實保留為了工作或為了自我成長而閱讀的時間是很重要的。不過，常聽人怨嘆自己忙碌而抽不出時間看書，以前我本身也有這樣的煩惱。當時面臨的狀況是，自己必須解決眼前的工作，但為了工作與自我成長必須閱讀的書籍卻堆積如山。

我個人的解決辦法，是決定每個月要讀十本書，然後在月初、月底拚命地讀，歲末年初也拚命地讀，每年都要設法騰出看一百二十本到一百五十本書的時間。換句話說，就是果斷訂出專心閱讀的期間，這段期間就不管工作了。如果不先訂出這個規則，就無法順利解決「自己得解決工作才行，卻逃避工作跑去看書」的問題，以及「被工作追著跑，永遠都看不了該讀的書」的問題。

建議各位不妨自行將閱讀定位為工作的一環，或是自我成長的重要措施之一，確實保留閱讀時間。

❸一次就看懂書的內容

坊間流傳著各種不同的閱讀法，例如書一定要讀兩次以上、最好邊看邊做筆記、只挑重要部分來讀就好……等等。

若想明確地擁有自己的想法，我推薦能一次就看懂內容的閱讀法。

從頭到尾一次看完整本書

要不然，自己應該很難產生「看完一本書」的成就感。成就感能帶來自信，所以最好要重視這點。個人認為，只讀重點的做法看似聰明，卻很容易隨便看看，不能算是讀完這本書。

覺得很重要的地方就用黃色麥克筆畫線

建議各位，書盡量用買的，覺得很重要的地方就用黃色麥克筆畫線。這麼做絕對會更容易看進頭腦裡。一本書大約一千五百日圓，一個月買四本書只要花六千日圓，就算一個月買十本書也才花一萬五千日圓左右。看書不僅能使工作進展順利，還能使自己成長，這樣一想當然是果斷買下來對自己比較有利。

想到什麼就直接寫在書上

即便只是想到小事，寫在書上就會留下深刻印象。這也可以當作歸納練習，因此強烈推薦各位將想法寫在書上。

不做筆記

我剛出社會時，也曾有段時間會邊看書邊做筆記。不過，因為這麼做非常花時間，書一直無法繼續往下讀，最後我就決定不做筆記了。只要用黃色麥克筆畫線就能記住重點，而且這種做法也花不了多少時間，所以很推薦各位使用。

不看兩遍

好書要再三閱讀，這是古今中外的閱讀智慧，但該讀的書何其多。實際上我們很難抽出時間讀兩遍，而且一想到看第二遍時再仔細讀就好，我們便會鬆懈下來，所以我認為還是一次就理解全部的內容比較好。像這樣一生一次、認真地閱讀一本書，偶爾再看第二遍的做法，感覺比較切合實際吧？

是否要選擇看電子書，按個人喜好決定即可，不過我基本上還是選擇看紙本書。因為紙本書比較方便畫線做記號，當然也可以直接在上面寫字，而且看到書架上讀完的書一本一本地增加能夠帶來成就感。常聽人怨嘆沒地方擺書，我認為這不是什麼大問題。至於電子書，我都是趁著等電車之類的時間拿出來閱讀。

❹找出該讀的書

我想應該也有人因為書實在太多，不知道該如何找出該讀的書。當你在新的領域展開工作時，如果先瀏覽許多部落格與網站，再挑那裡介紹的書來讀，就能減少踩到地雷的風險。

有些領域的書裡還會介紹別本書，這可是很重要的資訊。不管是誰，應該或多或少都有感興趣的領域、內容與話題吧。試著朝這個方向找書，能發現意想不到的有趣書籍。在網路書店輸入關鍵字進行搜尋，就能找到數量龐大的相關書籍。我也會逛實體書店，不過為了馬上買到Facebook或部落格等網站推薦的書，我都是在Amazon之類的網路書店訂購。

請各位就當被我騙一次，試著從有興趣的領域找一本書，拿起來讀一讀。就算是漫畫也完全沒關係。我本身也出了《看漫畫學麥肯錫的邏輯思維》（暫譯，マンガでわかる！マッキンゼー式ロジカルシンキング）、《看漫畫學麥肯錫的領袖論》（暫譯，マンガでわかる!マッキンゼー式リーダー論）這兩本漫畫，兩者皆頗受好評，總銷量達到十八萬冊。

總共三十一集的《灌籃高手》我也看了不下十遍，每次看都會感動落淚。看完之後，若是跟別人分享感想與意見，或者在社群網站、部落格分享自己的讀書心得，也都對自己非常有幫助。尤其是**看完書後與別人分享心得，這有助於迅速理解書的內容、整理思緒、形成自己的想法，讓自己能說明得淺顯易懂，實在想不到比這更好的方法了。**

平時就要蒐集資訊

如同前述，勝負大多在談話之前就決定了，不過「平時就要蒐集資訊」也很重要。如果平常就盡量掌握相關資訊，那麼不管你說什麼都有說服力，也能收到成效。**若是具備廣泛的知識，再加上認真、熱心與真摯，就能提升個人的魅力。**因此建議平時就要認真蒐集，業界、顧客、競爭對手、技術、法規等與提案內容有關的資訊，以及有關對方公司的內部情況、利害關係、價值觀、組織對提案內容的反應等資訊。

該如何透過網路蒐集資訊？

❶使用相關關鍵字進行搜尋，閱讀許多相關文章

事先針對提案內容，使用想得到的所有相關關鍵字進行搜尋，然後閱讀許多相關文章。根據經驗，只要讀完四十到五十篇文章，差不多就能掌握狀況。如果狀況複雜的話，也有可能得看到一百篇以上。

舉例來說，假設我們要調查區塊鏈的相關資訊。想得到的相關關鍵字有：

- 比特幣
- 以太坊
- 智慧型合約
- 可追溯性
- 工作量證明
- 權益證明
- 超級帳本
- ConsenSys
- IoT（物聯網）

……諸如此類（其實還有數十個）。先使用各個關鍵字進行搜尋並閱讀文章，假如讀到好文章也要閱讀其周邊及相關的文章，接著再用從這裡得出的新相關關鍵字繼續搜尋，然後閱讀文章。

❷在Google快訊輸入重要關鍵字，閱讀相關文章

只要在前述的Google快訊訂閱三十到五十個關鍵字，就不會漏看重要的文章，能夠充分蒐集有關該領域的資訊。我們能比上司、前輩、同事更快掌握資訊，因此可得到他們的信賴或令他們吃驚從而增加自信。此外也能減少遭人批評「哎呀，真不用功耶，你連這種事都不曉得嗎」，因而內心受創的情況。**建立自信之後，頭腦會變靈活，理解力也會增強，能夠清楚地縱觀整體**，於是就更能「明確地擁有自己的想法」。

若想善加運用Google快訊，建議各位注意以下幾點。

①Google快訊的搜尋結果完全取決於設定的語言。舉例來說，若想每天收到含有Wearable」詞的日語文章與英語文章，就要以這兩種語言訂閱快訊（即訂閱兩次）。

②輸入搜尋關鍵字時，從「顯示選項」選擇「數量　所有結果」。如果是預設的「最佳搜尋結果」，只會收到主要文章的通知。

③輸入的搜尋關鍵字，跟Google的一般搜尋一樣，「A B」是搜尋含有A與B這兩個關鍵字的文章，「A or B」是搜尋含有A或B其中一個關鍵字的文章，我們能像這樣設定搜尋條件，提高搜尋的精準度。

④若希望每天收到的日語文章含有可寫成日文與英文的一般詞彙，例如「ウェラブル（可穿戴）」與「Wearable」，就用「ウェラブル or Wearable」訂閱快訊。

⑤先快速地粗略瀏覽每天早上於固定的時間（預設為早上六點）寄來的通知郵件，不是特別有興趣的主題就刪除不看。接著開啟剩下的郵件，只點擊特別感興趣的標題，全部處理完後，再一口氣看完篩選出來的文章。畢竟我們沒辦法打開

所有郵件逐一閱讀，而且一口氣看完要讀的文章效率比較好。

⑥即使專案結束了，之前為此輸入在Google快訊的關鍵字最好還是繼續留著。畢竟取消訂閱很費事，再者雖然我們只是短暫地認真蒐集該領域的資訊，但也沒必要特地消除紀錄。因此建議不要刪除，繼續留著。

❸如果有相關電子報，也要訂閱並閱讀文章

相關電子報大多也會刊登寶貴資訊，所以要先訂閱幾份。除了與業界有關的電子報外，我還訂閱了DIAMOND online、PRESIDENT Online、東洋經濟Online、日經Business電子版、Business Insider、IT Pro等等。

這些網路媒體絕大多數都會提供免費電子報，以及給付費會員看的付費電子報。付費電子報有時會提供獨家的寶貴資訊，所以我也訂閱了幾份。

❹使用大螢幕閱讀文章

閱讀文章時，使用筆記型電腦外接大螢幕，閱讀起來絕對比使用智慧型手機或平板

電腦來得輕鬆舒適。這樣一來就能毫無壓力地大致掃過整篇文章與相關文章，然後快速看完。之前我使用的是二十吋螢幕，自從幾年前辦公室與自家都換成二十七吋螢幕後，生產力就有了飛躍的提升。個人覺得壓力與疲勞感也減輕了許多。

筆記型電腦與外接螢幕有幾種連接方法，我推薦的是「只在外接螢幕上顯示」的做法。如此一來筆記型電腦的畫面能直接顯示在大螢幕的左上方，右邊與下方則可保留很大的作業空間，方便我們處理工作。

❺讀過的文章網址儲存在資料夾裡

文章看完之後，要怎麼處理才好呢？

我推薦的做法是，將看完的文章網址儲存在該主題的資料夾裡並且標上日期。這樣一來，日後就能立即找到文章，要製作提案資料或要進一步討論時就能派上用場。

像我就建立了數十個資料夾來儲存文章網址，例如：人事、法律、資金調度、上市相關、創業支援、融資制度、新創經營、行銷、溝通、依附障礙、心理學、ＡＩ、ＥＶ、ＩｏＴ、共享經濟……等等。

其他推薦的資訊蒐集方法

❶盡量參加展覽、演講會、學習會等活動

建議各位盡量參加相關領域的展覽、演講會、學習會等活動。目標是一個月參加二到三場。在東京舉辦的活動非常多，大阪也會舉辦一些活動。不住在東京的人，不妨每年找兩、三次機會到東京參加有興趣的展覽、演講會、學習會等活動。

自從我結束在首爾長達十年的工作回到日本後，這十幾年來每個月我都會參加三到四場活動，也算是為了填補那段空白。參加這類活動，能獲得範圍廣泛的先備知識，從而產生自信。說服力當然也會增強。假如你不太可能每年到東京出差二到三次，不妨在當地募集同志，企劃並舉辦演講會或學習會等活動。光是這樣就能增加夥伴、拓展視野、建立自信。

舉例來說，假設我們想在仙台舉辦有關ＤＸ（數位轉型）的學習會，步驟如下：

①閱讀超過一百篇有關ＤＸ的報導文章，也在Google快訊訂閱二十到三十個關鍵字

②看了約一個月後，寫二十到三十篇部落格文章

③在Facebook上成立「仙台ＤＸ學習會」社團，每週在這裡分享五到六篇特別精彩的報導文章。每次發文時也分享自己寫的部落格文章

④在Twitter上建立「仙台ＤＸ學習會」帳戶，同時在這裡與Facebook社團上分享報導文章與部落格文章

⑤同樣要在自己的Facebook動態牆分享文章

⑥請加入Facebook社團的成員自我介紹

⑦等Facebook社團的成員累積到數十人，就在一至三個月後舉辦「仙台ＤＸ學習會」第一屆線上講座

⑧以此為開端，在線下舉行第一屆「仙台ＤＸ學習會」

⑨將活動內容寫成部落格文章，分享到Facebook社團、Twitter、Facebook動態

牆等地方

只要持續這麼做，就能相當有效率地找到一同學習的夥伴。

❷在聯誼會上交換名片後，於當天發送郵件，邀請對方聚餐

建議各位盡量參加展覽的歡迎會，或演講會、學習會等活動的聯誼會。每次參加時都要在現場跟講師及其他人士等約十到二十個人交談，並且交換名片。交換名片後，要在當天之內寄一封誠懇有禮貌的感謝信給對方，如果遇到難得一見的人才也可邀請對方聚餐。

這封「誠懇有禮貌的感謝信」，不是寫「今日很榮幸能夠見到您。今後也要請您多多指教」這種沒感情的內容。如果對方是講師，就誠懇地寫出令你印象深刻的事；如果對象是參加者，就寫交談時的感想、令你感到欽佩的事等等。

❸在各領域多認識一些，可請教有關業界、技術、顧客動向等任何事的對象

只要持續這麼做，就能確實保有幾十位能討論重要領域或周邊領域的任何事、能帶給自己知識或資訊的人物。每年要寄一、兩封郵件給這些人，有機會的話就與他們聚餐增進交流。這也是掌握有關業界、技術、顧客動向等最新資訊的絕佳機會。

保持好奇心

能否徹底執行前面說明的資訊蒐集方法，取決於自己能否對該領域保持強烈的好奇心，至於努力倒是其次。如果具備好奇心，就會著迷地聆聽相關資訊、閱讀文章，接著又尋找其他的文章來看，跟他人分享自己的想法，有人發問就再度思考，進一步深入探討假設。

我認為知曉自己不瞭解之事的喜悅，是每個人都有的自然反應。大部分的人應該都有過「熱中到廢寢忘食」、「沉溺在閱讀中，不知不覺就到了晚上」這類經驗吧。如果還沒遇過這種情況，希望你能體驗一次看看。相信你一定會比過去更積極向前，幹勁也會源源不斷地湧現。

該怎麼做才能保有好奇心呢？

我認為這種事因人而異，不過**基本原則就是尊重「感到好奇就去追求」、「別忽視好奇心」這種感覺**。以我為例，二〇一四年底我對ＡＩ產生了興趣，二〇一六年又對區塊鏈產生興趣，到了二〇二〇年十一月我則對ＤＸ（數位轉型）產生興趣，這些主題我各花了幾個月的時間，閱讀幾百篇文章、去請教熟悉該領域的人物、問了許多問題、跟別人討論，最後甚至還舉辦演講。對我而言這不是工作，而是一種樂趣。從自己感興趣、關注的事物深入挖掘探究，好奇心就會源源不絕地湧現。

如果是出於義務心，應該就怎麼也辦不到。請各位一定要以好奇心為出發點，加深自己的想法。

理解與執行檢查表

□時時努力保有自己的想法是最重要的

□一個月大約讀十本書，獲得許多刺激

□對任何事都感興趣，平時就要閱讀許多文章

□在各領域結識許多可請教任何事的對象

□感到好奇時絕對不要忽視

推薦的A4筆記標題範例

・該怎麼做，才能時時追求自己的想法？

・該怎麼做才有辦法騰出時間，讓自己每個月能讀十本書？

・自己該參加什麼樣的展覽、演講會、學習會呢？

・如何在聯誼會之類的場合努力跟人交換名片？這時又該說什麼呢？

・該怎麼做，才能擁有更廣泛、更強烈的好奇心？

【結語】

推動事物有三步驟：「準備」、「運作」、「收尾」

各位覺得如何呢？

要順利推動事物，事前的準備、現場的運作、談話後的收尾三者缺一不可，結合起來就能收到最大的成效。相信各位都明白這點了吧？

許多人似乎只是誤以為「進行得不順利，是因為自己的口才不好」、「因為自己惹人討厭，不管怎麼做都不順利」、「都怪那個人不認真聽，才會無法挽救」，因而自暴自棄，沒注意到還有更具效果的方法。不消說，他們當然也無法付出有意義的努力。這就好比拉著一推就開的門說「打不開、打不開」，是非常令人惋惜的事。只要稍微思考一下事物的運作機制，應該不難理解「準備、運作、收尾」是多麼切中要點的三個步驟。

另外，假如採取這種做法，卻沒得到結果時，也能夠認為「自己盡力了，既然這次不行那就沒辦法了。往下一個挑戰邁進吧！」，爽快地放棄然後轉換心情。如此一來，就能沒什麼壓力地前進，最後在不知不覺間實現想做的事。於是無論工作上還是私生活，事物都會順利進行，能夠度過充實又快樂的每一天。

・・・

請各位一定要寫信告訴我，看完本書的感想或問題（akaba@b-t-partners.com），我會立刻回覆。如果你想認真運用新的說話方式、推動事物的方法，或者嘗試之後結果卻不如預期，請別客氣儘管來找我商量。

只要在信中盡可能詳細說明，你是在什麼狀況下嘗試什麼事、結果如何、哪個部分成功、哪個部分大概失敗了，我就能回覆得更精準。

要透過溝通推動事物，其實沒那麼困難。我在Facebook上成立了讀者社團，只要搜尋「《讓人從聽你說話到聽你的話》（マッキンゼー式　人を動かす話し方）」就能馬上找到。

這個社團充滿各種活潑的討論，請各位一定要加入我們。

另外，「《零秒思考力》赤羽雄二的線上沙龍」也同樣在討論這個課題，而且討論得更加熱烈，還進行許多個案研究。

如果你想獲得出色的Know-How與夥伴，在充滿刺激的環境中學習，敬請參考看看。（https://community.camp-fire.jp/projects/view/318299）

附錄❶

可消除煩悶、客觀檢視自己的《零秒思考力》A4筆記寫法

若要獲得對方贊同順利推動事物，就必須說明願景，使對方理解與接受。要做到這一點，關鍵就是整理思緒，使自己能夠站在對方立場淺顯易懂地說明，也能立即回答問題消除疑問。

我在二〇一三年出版的《零秒思考力》中介紹的A4筆記，正是實現此關鍵的方法。至今已有數十萬人嘗試寫A4筆記，大家都親身感受到此方法的驚人效果。

做法很簡單。

將A4紙橫放，左上角寫想到的標題，右上角寫日期，正文寫四到六行，每行各寫二十到三十個字就好。到這裡為止都跟普通的筆記沒兩樣，不過兩者最大的差別是，寫A4筆記時要努力做到一頁寫一分鐘，每天寫十到二十頁，想到什麼時就拿紙出來寫。

透過這種方式，將對方有什麼樣的利害關係、要如何說明才可能勾起對方興趣等等，全寫在眼前的A4紙上。用眼睛看，就能清楚辨識課題是什麼，看得見該前進的方向。

而且每天只花十到二十分鐘。這個方法並非歸納想法，而是想到什麼就立刻寫下來，因此完全不會造成負擔。

神奇的是，當課題明朗化後，我們的頭腦與內心便會萌生想要解決課題的念頭。看來人類似乎進化成了，能夠像那樣積極向前地活著的生物。

若從其他角度來看，「寫A4筆記」這個行為其實就是將腦子裡的東西全寫在眼前，或者也可以說是將煩悶的心情化為言語。只要一再書寫A4筆記，就能整理煩悶的瞬間，連自己該如何行動都會浮現在眼前。

到了終極境界，就能夠在瞬間思考，亦即思考只需零秒。這就是書名《零秒思考力》的由來。

雖然目的跟消除煩悶略有不同，若要順利推動事物，就必須時時客觀地檢視自己。此外也必須先瞭解，自己的自我中心程度有多大、能與他人產生多大的共鳴等等。關於這類問題，寫《零秒思考力》的A4筆記一樣能在短時間內釐清。尤其若是「從多個面向書寫」，就能相當客觀地審視自己看不清楚，也很難傳達給他人的內心想法，大幅提升個人的成長速度。

附錄❷

可瞭解對方的狀況與心情，並獲得信賴的積極聆聽

跟人見面時，仔細聆聽他人說話的態度非常重要。如果不仔細聽對方說話，就不會知道對方想要什麼、有什麼問題、該怎麼做。然而，大多數的人往往只管講自己的，完全不聽對方說話，或是插嘴、不仔細聆聽。另外，就算聽了，似乎也只是聽聽而已，鮮少會為了確認或深入探究而發問。

積極聆聽即是「認真聆聽對方說的話」。一邊回應對方，一邊看著對方的眼睛用心聆聽。絕對不能邊聽邊想其他的事情，邊在心裡抱怨怎麼不快點說完。

若要做到有效的積極聆聽，重點有兩個。

第一個重點是，以認真聆聽，百分之百理解說話者想表達的內容為目標。不是單純乖乖坐著聽對方說話，而是把注意力放在說話者身上，完全跟得上對方說的話。如果講的是母語就沒那麼困難，不過重點是要留意每一句話，專心聽到能全部寫下來的程度。不漏聽任何一句話的態勢能帶給對方好印象，而且認真之下會自然想要發問、想確認說話內容。跟心不在焉地聽著相比，兩者的理解深度以及與說話者的關係都截然不同。

第二個重點是，仔細聆聽並且寫下來，假如有不懂的地方，或是想更深入瞭解的地方，盡量不要客氣直接發問。「問太多」固然不太好，但不問而對談話內容一知半解反而問題更大。

發問之所以重要，還有另一個原因。幾乎沒有人從一開始，就能說得有條有理、恰如其分。說得不夠詳細，或是用詞有些模稜兩可，應該比較常見。這樣一來，我們也無法深入瞭解，而且有時說話者根本沒說出該說的內容。很多時候如果不問，對方就不會觸及真正重要的事。這可能是因為當事人沒注意到，或是不小心忘了提到那個部分。對方下意識地避免觸及那個部分，也是很常見的情況。

關於這點，別過度客氣，但也千萬別窮追不捨，要有禮貌且真誠地發問，如此一來說話者本人也會有許多新的發現。對方說不定會回答「真的很謝謝你問了這麼多問題，讓我想起了忘記的事」、「這麼說來，的確也有這種可能」、「重新想了一想，確實就是這樣呢」等等。

積極聆聽具有這麼棒的效果，但做起來其實沒那麼簡單。這是因為，如果自己對說話者、對話題不感興趣，就沒辦法真的聽進去。

想必有些人認為，我們當然有辦法假裝在聽，只要露出認真聆聽的表情，而且時不時點頭，就算腦袋在想別的事也不會被發現吧。但是，人的感覺很敏銳，即使裝出聆聽的樣子，對方還是會察覺。對方會知道，你並沒有認真在聽。就算為了矇混過去而發問，問題也不帶真心誠意。此外也會缺乏想瞭解清楚、想深入瞭解的態勢。

那麼，該怎麼做才好呢？

答案只有一個。**那就是帶著誠意面對對方。只要帶著誠意面對對方，就能讓對方感受到我們的真心。**只要我們也是真的想深入瞭解，就會接二連三地提出精闢的問題。此外還會提出，諸如「這種情況怎麼樣」、「自己該怎麼做」這類更進一步的問題。一定要這麼做，說話者才會感受到我們的心意，於是就能更有力量地說給我們聽。

只要像這樣專心地積極聆聽，就能自然而然的肯定對方並聆聽對方說話，這麼做其實能使自己產生很大的變化，此外也能增加見解相近的朋友。成功引導對方說出口而建立的自信、對方的開心反應、聽到別處聽不到的資訊而獲得的智慧，以及喜歡認真聽自己說話的人、想要聲援他的人的心情，其實都是改變我們的強大推力。

「給想進一步瞭解詳情者的推薦書單①」

◎關於A４筆記↓《零秒思考力：全世界最簡單的腦力鍛鍊》（日本由鑽石社出版，臺灣由悅知文化代理出版）

◎關於積極聆聽↓《聽比說更重要：比「說」更有力量的高效溝通法》（日本由日本實業出版社出版，臺灣由遠流代理出版）

◎精闢發言↓《瞬間回擊的會話術》（暫譯，瞬時に切り返す会話術，日本由MdN Corporation出版）

「給想進一步瞭解詳情者的推薦書單②」

◎提升工作速度與思考速度↓

《零秒思考力【實踐篇】：速度能解決一切的工作術》

《零秒思考力【行動篇】：即斷、即決、即實行的瞬間執行力》（日本由鑽石社出版，臺灣由悅知文化代理出版）

◎想發揮領導能力↓

《看漫畫學麥肯錫的領袖論》（暫譯，マンガでわかる!マッキンゼー式リーダー論，日本由寶島社出版）

《世界級精英上司養成法》（暫譯，世界基準の上司，日本由KADOKAWA出版）

◎瞭解技能全貌↓

《就職前三年必學的菜鳥工作術》（暫譯，入社3年塾，日本由三笠書房出版）

國家圖書館出版品預行編目(CIP)資料

讓人從聽你說話到聽你的話：頂流人士都在用，一舉打動人心的最強說話術！／赤羽雄二著；王美娟譯. -- 初版. -- 臺北市：臺灣東販股份有限公司, 2022.05
262面：14.7×21公分

ISBN 978-626-329-225-3（平裝）

1.CST: 人際傳播 2.CST: 說話藝術 3.CST: 溝通技巧

192.32 111004861

MCKINSEY SHIKI HITO WO UGOKASU HANASHIKATA

Originally published in Japan in 2021 by CROSSMEDIA PUBLISHING Inc., TOKYO.
Traditional Chinese translation rights arranged with
CROSSMEDIA PUBLISHING Inc., TOKYO, through TOHAN CORPORATION, TOKYO.

讓人從聽你說話到聽你的話

頂流人士都在用，一舉打動人心的最強說話術！

2022年5月1日初版第一刷發行

著　　者　赤羽雄二
譯　　者　王美娟
編　　輯　魏紫庭
封面設計　水青子
發 行 人　南部裕
發 行 所　台灣東販股份有限公司
　　　　　＜地址＞台北市南京東路4段130號2F-1
　　　　　＜電話＞(02)2577-8878
　　　　　＜傳真＞(02)2577-8896
　　　　　＜網址＞http://www.tohan.com.tw
郵撥帳號　1405049-4
法律顧問　蕭雄淋律師
總 經 銷　聯合發行股份有限公司
　　　　　＜電話＞(02)2917-8022